Immer für den Frieden

Louise Schneider

Die Autorin Annemarie Sancar, *1957, wohnhaft in Bern, ist promovierte Sozialanthropologin. Zu ihren Themenschwerpunkten wie Gendergerechtigkeit in der Migrations- und Entwicklungszusammenarbeit, feministische Friedensarbeit und Friedenspolitik hat sie für verschiedene Zeitschriften und Sammelbände Artikel verfasst.

Sie ist Mitautorin der Geschichtensammlung „What Makes me Feel Safe" – Women's Stories about Peace, War, Human Rights, veröffentlicht von der Arbeitsgruppe Gender Realities im OSZE-Raum. Sie absolvierte das CAS Lebenserzählungen und Lebensgeschichten, das sie mit ersten Ausschnitten aus dem Leben von Louise Schneider abschloss.

Annemarie Sancar

Immer für den Frieden – Louise Schneider

Layout: Peter Pich

Copyright 2025: Annemarie Sancar

Bildrechte siehe Seite 83

Bern 2025

Bibliografische Information der Deutschen Nationalbibliothek:

Die Deutsche Nationalbibliothek verzeichnet diese Publikation in der Deutschen Nationalbibliografie; detaillierte bibliografische Daten sind im Internet über http://dnb.d-nb.de abrufbar.

Die automatisierte Analyse des Werkes, um daraus Informationen insbesondere über Muster, Trends und Korrelationen gemäß §44b UrhG („Text und Data Mining") zu gewinnen, ist untersagt.

Verlag: BoD · Books on Demand GmbH, In de Tarpen 42,

22848 Norderstedt, bod@bod.de

Druck: Libri Plureos GmbH, Friedensallee 273, 22763 Hamburg

ISBN: 978-3-7693-2570-6

Inhalt

Einleitende Worte von Louise Schneider

«Mich lässt das Gefühl nicht los, dass Du Dich mit der Dir vorgenommenen Aufgabe, meine Geschichte aufzuschreiben, «überlüpft» hast. Das ist schon andern Interessierten so gegangen, die sich in meiner vielfältigen Lebensgeschichte verirrt haben. Sogar mir selber geht es so. Ich habe schon oft versucht, ein wenig zu strukturieren. Die Zeit dafür wäre ja jetzt altershalber da. Falls ich mich überhaupt noch ständig rückblickend bemühen will. Mit meinen Erinnerungen komme ich aber stets auf das gleiche Ergebnis. Ich bin mir bewusst, dass es an sogenannt wichtigen Daten mangelt und die gewöhnlichen Eckdaten meines Lebenslaufs interessieren mich wenig. Die vielschichtigen, unglaublichen Mengen meiner Erlebniswelt kann ich kaum mit Daten versehen und so festhalten. Es sind nicht die Daten, die mir wichtig sind. Was meine Lebenserfahrungen zeichnet, sind die vielen, vielen Verbindungen mit anderen Menschen und deren Geschichten. Das heisst, ich kann nicht über mich berichten, ohne dass auch andere Menschen einbezogen werden. Da habe ich natürlich eine Hemmung. So fühle ich mich manchmal wie ein grosses Reservoir, gefüllt mit dem was ich gemeinsam mit den verschiedensten Menschen erlebt habe. Ich kann und darf feststellen: die wichtigste Bedeutung in meinem Leben hatten all die Menschen, die beruflich und privat meinen Weg kreuzten. Ich habe alles, was ich tat, stets als einen Dienst an der Gemeinschaft verstanden. Dass ich in allem, was mich beschäftigte, einen wunderbar verständigen und mittragenden Ehemann hatte, erfüllt mich mit Dank. Ich kam ja nicht immer fröhlich und unbeschwert nach Hause. Es gab auch viele Konflikte, die in meinem Büro, sozusagen am runden Tisch, ausgetragen werden mussten. Die Mitmenschlichkeit erfordert oft auch Mut und Kampfgeist! Damit bin ich gottlob ausgerüstet. Nun, bei all der Schwierigkeit, meine Geschichte ins Netz zu bekommen, gibt es doch noch einige ganz bemerkenswerte Daten, anhand welcher sich ein Faden spinnen lässt. Mit meinen Zeilen wollte ich dir Mut machen für mein 'Gstürm' und zeigen, dass es mir ernst ist.»

Brief von Louise Schneider an die Autorin, 9. 9. 2019

Teil I

Kindheitserinnerungen

Louise Schneider ist 1931 auf die Welt gekommen, der Anfang der grossen Krisenzeit sei das gewesen. Viele Krisenjahre folgten, das hat sie geprägt, da ist sich Louise Schneider rückblickend sicher:

Louise: «*Mein Vater*[1] *wurde von Bern nach Neuenegg versetzt, das war Ende der zwanziger Jahre, als die Wander AG*[2]*, wo mein Vater arbeitete, Teile der Produktion aus der Stadt hinaus nach Neuenegg, in das ehemalige Nestlé-Areal verlegte. Mein Vater, ein einfacher Büetzer, musste sich entscheiden: Die Wander AG verlassen und ohne Arbeit bleiben oder mit der Firma nach Neuenegg ziehen. Er entschied sich für zweites. Die Familie musste also umziehen, vom 'Klapperläubli' am Nydeggstalden in der unteren Berner Altstadt, wo die Eltern 1925 hingezogen waren, nach Neuenegg, wo ich zur Welt kam. So mussten meine Eltern also aufs Land ziehen. Meine Mutter sah das als grossen Nachteil, denn für sie war es wichtig, dass ihre Kinder eine gute Schule besuchen und gute Kontakte aufbauen konnten. Es kam alles anders.*» (Gespräch, 2021)

Dieser Umzug von der Stadt aufs Land war für die Eltern ein einschneidender Wechsel. Nun waren die Schulen nicht mehr in Fussdistanz, der Arbeitsweg mühsam. In Neuenegg selber fanden sie keine erschwingliche Wohnung. So zogen sie in einen Weiler bei Bramberg[3], weg von allen städtischen Einrichtungen, in ein «Tätschhaus»[4], wie sie sagt. Öffentlichen Verkehr gab es damals in dieser Gegend kaum, der Arbeitsweg des Vaters war lange und insbesondere im Winter beschwerlich. Louise erkennt schon als Kind die Ungerechtigkeiten von damals, wie sie heute erklärt. Sie hat vieles gesehen, erlebt, konnte vergleichen. Mobilität war den wohlhabenden Leuten, darunter den reichen Bauern, vorbehalten. Das schränkte die Möglichkeiten einer guten Schulbildung, einen beschwerdefreien Zugang zum Gesundheitswesen, zu den kulturellen und sozialen Aktivitäten natürlich ein. Einigermassen gut bezahlte Arbeit war wenig vorhanden. Louise beschreibt diese Zeit mit vielen Details, insbesondere wenn es ihr darum geht zu zeigen, wie Klassenunterschiede, Ausgrenzung, Ausbeutung sie und ihre Familie geprägt hätten. Heute ist es ihr ein Anliegen, diese Geschichten detailgeladen zu erzählen und in eine Gesellschaftsentwicklung einzuordnen statt sie in einer Mottenkiste zu verstauen.

Mitten unter Bauern

Heute könne man sich kaum vorstellen, was ein solcher Umzug ins Hinterland damals für eine Arbeiterfamilie bedeutete, meint Louise. Die Familie hatte kaum einen Bezug zur Landwirtschaft, obschon beide in ihren jungen Jahren auf Bauernhöfen gearbeitet hatten, die Mutter als Haushälterin, der Vater als Knecht. In den dreissiger Jahren war es für Arbeiter:innen mit sozialistischer Einstellung eher aussergewöhnlich, sich in bäuerlichen Gebieten niederzulassen, wo Knechte und Mägde schwere Arbeit unter erschwerten Bedingungen für eine schlechte Unterkunft und armseliges Essen leisteten. Zu einer solchen Durchmischung unterschiedlicher Lebensentwürfe kam es dann, wenn Fabriken – meistens geführt von einem klassischen Patron – wegen zunehmenden Raumbedarfs sich in ländlichen Zonen niederliessen. Die Fabrikpatrone besassen viel Macht, die die am wenigsten qualifizierten Arbeitskräfte besonders zu spüren bekamen, so dass sie in grosse Abhängigkeit gerieten. Als bürgerliche Konservative waren die Patrons gegen Gewerkschaften, gegen die Sozialdemokratie, gegen linke Politik. Im Kanton Bern der 20er und 30er Jahre des 20. Jahrhunderts dominierte die Bauern-, Gewerbe- und Bürgerpartei BGB. Die SP war indes kaum präsent, gewann jedoch zunehmend an Bedeutung, auch in Folge der fortschreitenden Industrialisierung ländlicher Regionen. Louises Familie bewegte sich zwischen den gewerkschaftsfeindlichen Patrons, die den Arbeiterfamilien wie Louises nicht sehr wohlwollend gegenüberstanden, und der Bauernschaft[5]. Die Bauern grenzten sich ab von den Arbeitern, sie hatten ein anderes Verständnis von Arbeit, mussten auch am Sonntag arbeiten und dachten, die Lohn- und Fabrikarbeiter, die am Sonntag nicht arbeiten mussten, lägen auf der faulen Haut. Die Bauern wussten natürlich nicht, dass die Arbeit in der Fabrik viel härter war als auf dem Bauernhof, viel stressiger. Louise erzählt viel aus dieser Zeit. Sie beschreibt detailliert Alltagsepisoden, an die sie sich heute erinnert und die sie dank all ihren politischen Erfahrungen, ihrem sozialen Engagement historisch einzuordnen weiss. Als kleines Mädchen habe sie das Leben unter Bauern und Bäuerinnen geniessen können, sie habe ja auch viel geholfen. Auch die Lehrerin in der Unterstufe habe ihre Hilfsbereitschaft zu schätzen gewusst und sie wirklich gefördert. Das habe ihr Boden gegeben für ihren späteren beruflichen Werdegang.

Zuhause

Die Familie lebt auf engem Raum. Ihr Vater, den Louise als dunkelroten Sozi bezeichnet, ist für sie noch heute eine wichtige Bezugsfigur. «Mein Vater war für die freie Meinungsäusserung, das stünde in der Verfassung», erwähnt Louise als Beispiel für seine Widerstandkraft und seine Überzeugung. Er hätte stark reagiert, als er wegen seiner Teilnahme an einem 1. Mai-Umzug ausserhalb des Areals der Wander AG gerügt wurde, weil der Arbeitgeber dies seinen Angestellten eigentlich untersagt hatte. Das Verhältnis zu ihrer Mutter, streng und religiös, ist eher zwiespältig. Intelligent sei sie gewesen, ihre Mutter. Als Beispiel führt sie Mutters weise Einsicht an, dass der Umzug aufs Land ihren Kindern jegliche Chancen für ein besseres Leben nehmen würde. Vielleicht deswegen, auf jeden Fall scheint sich die strenge Art der Mutter im Alltag durchgesetzt zu haben. Das habe ihre Kindheit natürlich stark geprägt. Das äussert sich, wenn Louise von früher erzählt, so zum Beispiel in der Geschichte vom Muttertag, als sie anstatt die Schuhe zu putzen, ihr Ämtli vom Samstag vor dem Muttertag, unter einem Baum gesessen sei. Plötzlich sei ihr in den Sinn gekommen, dass sie kein Geschenk für die Mutter habe. Sie sei dann losgezogen in den Wald, wo sie mit ihrem Vater ab und zu hingegangen sei.

Louise: «*Mein Vater, ein richtiger Botaniker, hatte mir einmal im Wald eine kleine Moorlandschaft, nicht gross, winzig, gezeigt, wo wunderschöne Orchideen wuchsen. Das war doch etwas Besonderes, und ich ging los, ohne es jemandem zu sagen. Die Blumen blühten gerade, ich vergass alles um mich herum, sass auf dem Boden mitten in dieser*

Blumenpracht, trällerte etwas – mir kamen immer Lieder in den Sinn – und machte ein Kränzchen. Zuhause versteckte ich das Kränzchen hinter der Holzbeige und ging ins Haus. Die Schuhe gafften mich an, ungeputzt. Mutter sah sofort, dass die Schuhe nicht geputzt waren. Wo ich gewesen sei, wollte sie wissen. Ich verriet nichts, am nächsten Morgen würde sie es ja schon sehen.» (Gespräch, 2022)

Sie sei früh aufgestanden, habe Kaffee gemacht, den Blumenkranz mit einem Zettelchen zum Muttertag in einem Teller auf den Tisch gestellt. Als die Mutter das Kränzchen gesehen habe, hätte sie gleich losgeschimpft, was das denn sei. Sie hätte besser die Schuhe geputzt. Die Reaktion der Mutter hatte Louise offenbar so überrascht, dass sie in ihrem Leben erst recht keine Schuhe mehr putzen wollte und auch nie mehr geputzt habe. Später habe sie gemerkt, dass ihre Mutter dies nicht in böser Absicht tat, dass es etwas Anderes gewesen sein muss, vielleicht hätte ihre Mutter damals ja bloss die Freude nicht zeigen können.

Das Gewehr an der Stubentür

Louise: *«Ein Bild hat sich mir tief eingeprägt: Da hing plötzlich ein Gewehr an der Tür zur Stube, das Gewehr gehörte meinem Vater. Doch warum brauchte mein Vater ein Gewehr? Gewehre sind doch zum Töten da! Mein Vater tötet doch nicht! Er ist doch kein Mörder, dachte ich für mich und bekam es mit der Angst zu tun.» (Gespräch, 2019)*

Auf der Nesslere bei Bramberg (Gemeinde Neuenegg) erlebte Louise die Kriegsjahre, die sie nachhaltig geprägt haben. Hier findet man wohl auch erste Wurzeln ihres politischen Engagements für den Frieden. Im Gespräch kommt Louise immer wieder auf diese Lebensjahre zu sprechen, :sie war siebenjährig als der Krieg ausbrach. Wieviel ihr effektiv in Erinnerung geblieben ist, wieviel davon sich im Laufe der Zeit und aus verschiedenen Lebenssituationen heraus verdichtet hat, ist kaum zu eruieren. Das tut aber vielleicht auch nichts zur Sache, denn ihre Erzählung ist ohnehin eine von heute. Das Schicksal ihres Vaters muss sie stark geprägt haben. Dies zumindest ergibt sich aus vielen Details in ihren Erzählungen.

Louise erinnert sich an die Zeit der Generalmobilmachung, die bereits zwei Jahre vor dem Ausbruch des Krieges Thema war. Die Generalmobilmachung erfolgte 1939[(6)], Louise war damals siebenjährig, noch sehr jung, dennoch scheint sie sich gut an die Stimmung im Haus und im Dorf zu erinnern. Die Nervosität sei bereits auch vorher schon spürbar gewesen. Angst habe sich verbreitet, die geistige Vorbereitung hätte bereits eingesetzt. Denn jetzt – so die Haltung der Leute in ihrer Umgebung, wie sie sich erinnert – gehe es darum, das Vaterland zu verteidigen, Bereitschaft zu zeigen, das Land vor dem Feind zu schützen. Die Mobilmachung bedeutete auch einen – wie Louise es nennt – Zusammenbruch des Lumpensystems. Leute verhungerten, weil das feinmaschige Netz durch die Abwesenheit der männlichen Arbeitskräfte stark strapaziert.

__Louise:__ «Ich starte einen Versuch, dir aus dem Stegreif meine Lebensgeschichte zu erzählen. Der Mittelpunkt meiner Geschichte ist mein unerschütterlicher Glaube an den Sinn des Lebens, an die Liebe zum Menschen – fern jeglicher Kalenderdaten. Trotzdem versuche ich anhand einiger Daten, einiger Fixpunkte, etwas Ordnung schaffen.

Meine Geburt fällt, das ist klar, in die grösste Krisenzeit der Dreissigerjahre. Allenthalben Arbeitslosigkeit, Kriegsgetöse aus allen Rohren. Unglücklicherweise wurde mein Vater, der ständig in der Angst vor Arbeitslosigkeit lebte, schwer krank. Medizinisch hatte man ihm nur noch den baldigen Tod 'versprochen'. In der Zeit seiner Krankheit fiel – für damals üblich bei dieser Art der Anstellung – sein Lohn aus. Gottlob gab es auch damals gute Menschen. In der nahen Bäckerei durfte die Mutter Brot und Suppe holen. Ein Bruder meiner Mutter war verheiratet und hatte damals eine sichere Stelle im neuen Elektrizitätswerk Mühleberg, und seine Frau machte sich mit einem Korb voll Nahrung zu Fuss von Mühleberg nach Bern auf den Weg zu uns. Postauto gab es damals nicht. So hat die damalige kleine Familie von der Barmherzigkeit gelebt. Der Vater erholte sich von der schweren Krankheit schlecht und recht. Plötzlich hiess es für einige Arbeiter: entweder du zügelst in das Dorf, wo die Wander AG das Gelände einer wegziehenden Unternehmung gekauft hatte, oder du bist weg! Ich muss aufhören davon zu sprechen, sonst erzähle ich plötzlich auch noch die frühere Geschichte, die des traurigen Lebens meines Vaters als Verdingkind. Das hat nicht nur bei ihm lebenslänglich Spuren hinterlassen, es hat auch mein Leben beeinflusst.» (Auszug aus dem Brief von Louise, 30.12.2019).

Doch es habe gehalten, trotz fragwürdiger, oft ausbeuterischer Zustände. Denn in den ländlichen Gebieten schaute man zueinander, wohlweislich, denn man brauchte sich gegenseitig. Louise verherrlicht die Vergangenheit keineswegs, vielmehr sieht sie darin den praktischen, ja pragmatischen Umgang mit dem Elend, das der Krieg in die Haushalte brachte. Es herrschten schlimme Zustände, dennoch kommt Louise oft ins Schwärmen, wenn sie vom Leben auf dem Land erzählt, gewisse Momente sind ihr durchaus in positiver Erinnerung geblieben, die sie dann je nach Befindlichkeit im Verhältnis zu den schlechten Erlebnissen unterschiedlich gewichtet.

Louise: *Louise: «Ich war etwa 7-jährig, als der Krieg zur realen Bedrohung wurde. Dann wurde mein Vater eingezogen. Er und die Mutter mussten viel Leid erfahren. Ich wollte nicht, dass so viele Menschen leiden. Mein Vater war ein friedlicher, intelligenter Mensch, aber er musste da ziemlich viel einstecken. Das nahm ich wahr, wenn ich in der Nacht hörte, was er Mutter erzählte, in den wenigen Tagen, die er jeweils auf Heimurlaub war. Ich habe da schon Einiges mitbekommen. Für mich war auch klar, dass ein Gewehr an der Tür Sicherheit signalisieren sollte. Aber das habe ich nie geglaubt. Damals genauso wenig wie heute. Ich fühlte mich auf jeden Fall nicht sicher, wenn mein Vater und viele andere Väter mit einem Gewehr weggingen. Mir war es unwohl, als die Schule Mobilmachung, Vaterlandsverteidigung, Patriotismus zelebrierte. Ich fühlte mich nur dann sicher, wenn mein Vater zuhause mit und bei uns war. Ja, ich wollte schon damals für Frieden einstehen. Ich verstehe nicht, wenn gesagt wird, man müsse sich wehren, um sicher zu sein. Warum, gegen wen denn? Sicher ist man nur mit Frieden, nicht mit einem Gewehr.» (Gespräch, 2019)*

In der Schule hätte man ihnen patriotische Kriegslieder beigebracht, im Chor sangen sie «my Vater isch ä grade Ma'a'a, my Vater het e Uniform a'a'a…». Sie habe mitgesungen, trotz ihrer Abneigung. Sie habe es für die Frauen zuhause gesungen, wenn man sie danach fragte. Auch das Lied, «Meiteli vo näbedra, es chunnt scho lang kei Brief me a, d'Mueter treit es schwarzes Chleid...», habe sie, wenn auch mit grossem Widerwillen, vorgesungen. Vielleicht hätten zumindest die Frauen ein bisschen Freude gehabt, und für Louise war es eine gute Gelegenheit, sich ihrer Leidenschaft hinzugeben.

Louise denkt viel über die damalige Zeit nach. Sie habe den Bauern immer wieder unter die Arme gegriffen und den Frauen in der Küche geholfen. Schon als kleines Mädchen sei sie gelegentlich für kleine Aushilfen gerufen worden, sie habe zugegriffen, warum ist ihr heute schleierhaft. Für sie sei es schon damals wohl selbstverständlich gewesen, denjenigen zu helfen, die Hilfe brauchten. Vielleicht habe sie gespürt, dass diese Art der Hilfe Schritte hin zum Frieden sind: Menschen zu begleiten, die leiden, in Not sind, auf fremde Hilfe angewiesen sind. In dieser Hinsicht sei sie wohl immer schon anders gewesen. Wie ist es dazu gekommen? Schwer zu sagen. Vielleicht ein Gerechtigkeitsempfinden? Der Wunsch nach Gerechtigkeit? Der Glaube habe sie immer gestärkt. Er wachse sehr langsam, wie das Senfkorn. Genügt es nicht, dass Gott Liebe ist, fragt sie sich.

Alltag trotz Krieg

Das Leben in Bramberg, Erinnerungen an den Vater, an die Mutter, an die Schule: Louise berichtet detailreich und in lebendiger Sprache von ihrer Kindheit und Jugendphase, gerade aus der Zeit des Zweiten Weltkriegs, da sind ihr doch einige Erlebnisse in bester Erinnerung geblieben. Klar, sie hat sie in den verschiedenen Gesprächen auch immer wieder etwas ausgeschmückt, wohl auch entsprechend ihrer Erzähllust.

Louise beschreibt sich als aufgeschlossenes Kind, stark entwickelt, gute Auffassungsgabe. Die Lehrerin reihte sie vielleicht zu gut ein, fragt sich Louise heute. Doch das tut nichts zur Sache, bei einem schlechten Klassendurchschnitt sei das weiter nicht erstaunlich. Kinder vom Land eben, die noch die Schwänze der Kühe putzen mussten bevor sie in die Schule kamen. Die Lehrerin spannte Louise für alles ein, auch für die sozialen Probleme der Kinder. Sie hatte immer gute Noten, nach zwei Jahren war sie in der vierten Klasse, die Lehrerin gab ihr ein Lernprogramm, um sie zu fördern. Man brauchte sie, sie wurde gefördert und das genoss sie.

Episode I: Schulfest

«Die Gemeinde organisierte jedes Jahr ein Schulfest, an dem die Kinder der vier Schulhäuser der Weiler rundherum teilnahmen. Jedes Schulhaus hatte seine eigene Blechmusik. Der Grossaufmarsch an diesem Fest war mir zuwider. Aber etwas Gutes hatte es. Jedes Kind, auch das ärmste, trug am Schulfest nämlich ein paar neue Schuhe, einen Kittel oder einen Jupe. Ob die Lehrerin dafür sorgte? Genau darum war es ein schönes, soziales Fest. Die Mädchen trugen Blumen, die Buben die Fahnen. Ein Sternenmarsch von den Schulhäusern zur Kirche. Dorfbewohner:innen kamen dazu. In der Kirche wurde gesungen, auch ein Singwettbewerb war auf dem Programm. Alle Schulklassen ausser der Unterstufe konnten teilnehmen. Ich war damals in der ersten Klasse, durfte also nicht mitsingen, der Platz in der Kirche war für uns zu eng. Unsere Lehrerin, eine begnadete Sängerin, übte mit den 3. und 4. Klassen ein schönes zweistimmiges Frühlingslied für das Fest. Ich konnte das Lied aber auch gut singen. Ja, und dann... ich missbrauchte wirklich den lieben Gott. Immer wieder sagte ich mir nämlich: Lieber Gott, mach, dass die Kinder das Lied nicht singen können, ich kann es ja, warum darf ich nicht in die Kirche hinein, nur, weil ich erst in der ersten Klasse bin? Ich kann es doch! Die grossen Kinder schafften es einfach nicht, und die Lehrerin war schon ganz ungeduldig. Plötzlich unterbrach sie, so gehe das nicht, Louisli müsse kommen. Und stell dir vor, ich konnte als einzige Erstklässlerin in der Kirche drin mitsingen. Meine Oberstimme war sehr gut. Ja, so wurde ich dank der List noch fast zur Berühmtheit (lacht). Vielleicht hat Gott geholfen... doch das ist eine andere Geschichte, die gehört eigentlich zum Thema Religion. Du hast mich ja danach gefragt, wie wichtig für mich Gott sei, wer er denn sei. Mein Gott... wer ist das? Ich glaube einfach an einen Gott, ob er Gott heisst oder ich weiss nicht wie, ich glaube einfach, dass ich eine Begleitung habe im Leben.»
(Gespräch, 2021)

Bruch in der Lebensgeschichte

Das Erlebnis mit dem Pfarrer, als sie 16-jährig war, sei ein grosser Dämpfer auf ihrem Bildungsweg gewesen und habe ihren ganzen Lebenslauf nachhaltig geprägt. Um was ging es da? Immer wieder erzählt sie, wie geschockt sie die Rede dieses Pfarrers hatte, wie sie sich verlassen und ungerecht behandelt fühlte. Noch heute erinnert sie sich bestens daran, als dieser zu ihnen nach Hause kam, um ihre Konfirmation zu besprechen. Sie weist darauf hin, dass das für sie ein Beispiel sei, um zu beschreiben, was Ungerechtigkeit für sie bedeutet. Das sei nichts Anderes gewesen als ein Akt der Diskriminierung. Sie kommt in verschiedenen Zusammenhängen immer wieder auf diese prägende, ja traumatisierende Erfahrung zurück.

Louise: «*In der 7. Klasse wäre der Übertritt ins Untergymnasium in der Stadt angestanden. Zusammen mit einem Knaben aus gutem Haus waren wir Klassenbeste. Dennoch liess man mich nicht hingehen, zu weit, zu teuer, zu unpassend halt. Aus Trotz, weil wieder die Herkunft den Übertritt verunmöglichte, habe ich ein ganzes Jahr lang nichts mehr geleistet in der Schule. Und da ist es wieder, das Schicksal, aber das ist es ja eigentlich nicht. So etwas ist nicht Schicksal, sondern Ungerechtigkeit in der Gesellschaft. Meine Noten waren ja immer gut, ja sehr gut. Ich hätte es ohne Weiteres ins Gymnasium geschafft. Doch nein. Wieder erfuhr ich eine grosse Ungerechtigkeit, und zwar beim Schulübertritt. Der Pfarrer erklärte mir, dass das Gymnasium für unsereiner halt nicht möglich sei. Zu Berndeutsch: für diese Gattung Leute…! Das ist pure Diskriminierung! Ja, wie weiter, war die grosse Frage. Dann passierte etwas Wesentliches in mir. Kurz bevor ich ganz aufgeben wollte, sagte meine innere Stimme, dass ich ab jetzt mein Leben selbst bestimme, unabhängig von den Eltern und der ganzen ungerechten Gesellschaft. So habe ich es durchgezogen, auch gegen die Einwände meiner allerbesten Eltern.*» (Brief von Louise, 30.12.2019).

Dieses Ereignis sitzt Louise immer noch tief in den Knochen, ja, heute vielleicht mehr denn je. Jetzt, wo sie alleine wohnt im grossen Haus, weniger Besuch hat, auch weil viele ihrer engeren Bekannten bereits gestorben sind und ihre Mobilität definitiv sehr eingeschränkt ist, kommen ihr diese einschneidenden Momente ihres Lebens wieder glasklar vor Augen. Es gebe also verschiedene Gattungen Menschen. Heute seien das vielleicht die Menschen am Rande der Gesellschaft, die «Randständigen», die weniger Mittel zur Verfügung hätten. Es gebe also nicht nur die braunen Menschen, schwarzen, weissen, lahmen und gesunden. Es gebe also noch diese Gattung, zu der sie gehört hätte. Ihre Wut muss damals unermesslich gewesen sein. Sie schildert, wie sie überhaupt weitergekommen ist. Wütend lag sie im Bett, eine Angina plagte sie. Nur nicht mehr zum Pfarrer gehen. Der bei ihren Eltern im Stübli sass, um sie zu informieren. Wegschauen, wegdrehen, das sei ihre unmittelbare Reaktion gewesen. Der Vater verschwand Hals über Kopf in den Wald, die Mutter ging in die Küche. Und so stand der Pfarrer da, mit «abgesägten Hosen». Sie war enttäuscht von diesem Pfarrer, schlimm genug und prägend für ihre Einstellung den sogenannten Dienern Gottes gegenüber. Eine Welt brach zusammen. Sie wollte nicht aufgeben, sie liess sich vom Pfarrer nicht demütigen, im Gegenteil. Sie fand Mut und entschloss sich, das Leben nun definitiv selbst in die Hände zu nehmen.

Der Schritt in die Unabhängigkeit

Für die Eltern sei es bestimmt auch schwierig gewesen, vor allem für die Mutter, eigentlich eine gläubige Frau, die ein vorbildliches Leben geführt habe. Der Vater war aktiv in der Sozialdemokratischen Partei, ein politischer Mensch, der andere Vorstellungen von Kirche und Religion hatte. Und Louise mittendrin? Sie entwarf einen Weg, wie sie aus diesem Milieu herauskam, denn von Seite der Gemeinde erwartete sie keine weitere Unterstützung, auch von ihren Eltern war kaum Hilfe zu erwarten. Sie überlegte sich wegzugehen, und zwar ins «Welschland», das sei damals nichts Aussergewöhnliches gewesen. Es gab aber noch einiges zu erledigen. Zuerst mussten ihre Eltern nach Laupen gehen, um dem Notar, bei dem sie eine Lehre hätte beginnen können, abzusagen. Das sei schon allerhand gewesen. Denn zu dieser Zeit war es für Mädchen in diesem Alter offenbar noch eher aussergewöhnlich, in einem Notariatsbüro eine Lehre zu machen. Für die Eltern war es unverständlich, erschüttert seien sie gewesen, so Louise. Die Mutter jammerte. Der Vater habe sie aber wohl verstanden. Er meinte zur Mutter, man solle Louise machen lassen, sie wisse, was sie wolle. Ob sie sich dessen damals bewusst gewesen sei, wie riskant dies war? Die Eltern liess sie einfach wissen, dass sie ins Welschland gehen würde. Sie verlor damals ihr Interesse an der Kirche. Aber ein persönliches Verhältnis zum Glauben hätte sie damals bis heute, bloss mit tausend Fragen, immer wieder.

Wie Louise heute sagt, sei der wichtigste Entscheid in ihrem Leben gewesen, von zuhause wegzugehen, ihr Leben selbständig in die Hände zu nehmen. Die Kehrtwende in ihrem Leben führt Louise auf die abwertende Bemerkung des Pfarrers zurück, das Gymnasium sei nichts für «ihre Gattung Leute». Doch dann habe sie eine ausserordentliche Kraft gespürt, wie ein Senfbaumkeimling, der endlich Wurzeln schlägt oder vielleicht bereits zu wachsen angefangen hat. Aus dem Kleinen komme die Kraft. Sie war überzeugt, dass sie ab diesem Moment ihr Leben selber gestalten und eine Lehrstelle finden würde. Die Eltern liessen sie ziehen. So sei sie also ins Welschland gekommen.

Zwischenhalt I: Senfkorn

«Ich glaube an das Kleine, ein Senfkorn» sagt Louise in der Reportage von «Reporter» (18. Mai 2014). Dieses Senfkorn ist für Louise etwas sehr Wert- und Kraftvolles, sie verweist auf die Gleichnisse der Evangelien. «Das Senfkorn ist das allerkleinste Korn, zu finden im Gleichnis vom Sämann. Der Sämann[7] ging hinaus, um zu säen. Bald hatten die Nesseln viele Körner verdrängt, bald frassen die Vögel die Aussaat. Nur das Senfkorn ist geblieben. Für mich ist es sehr wichtig, in mancherlei Hinsicht. Das Senfkorn wird ausgestreut wie alle Samen, aber es lässt sich mehr Zeit, um durch den Boden zu kommen und Wurzeln zu machen. Die anderen Körner sind schon irgendwo in der Menge des Gesäten untergegangen, sie haben Frucht getragen oder sind abgestorben...» Es sei ein Gleichnis, das die ganze Welt mit dem Bild von Samen und Aussaat erklärt. Das Senfkorn ist langsam gewachsen, hat zuerst Wurzeln getrieben in der Erde und ist dann ganz mächtig geworden. Aus dem kleinsten Korn ist der grösste Baum geworden. Louise hat bis anhin mit wenig gelebt, materiell, bildungsmässig, ja sogar gesundheitlich steht sie auf der kleinen Seite. Viel ist passiert, bis sie Wurzeln schlagen und die Bedeutung von Wachstum begreifen kann.

Louises Leben ist wie ein Senfkorn, es hat sie in ihrem Leben immer begleitet, und der Gedanke daran spendet ihr Trost. Aus dem Kleinsten kann etwas Grosses werden.»

«Also, das ist mein Wesen, und was ich zum Senfkorn sagen kann. Und wirklich, so wage ich mein Leben. Mein Leben ist ein Wagnis. Oft habe ich mich stark exponiert. Wenn ich mal zu weit gegangen bin, hatte ich das vor Augen: Du bist eben ganz klein, du musst Geduld haben, aber deine Wurzeln wachsen, dein Baum wächst.» (Gespräch, 2024)

Teil II

Aufbruch in die Selbständigkeit

Louise entscheidet sich für ein unabhängiges Leben, sie pflegt die sozialen Kontakte, ist gerne mit Menschen zusammen. Begegnungen sind ihr wichtig. Dennoch fühle sie sich im Grunde einsam, meint sie heute, da mittlerweile viele ihrer Nächsten gestorben sind. In Bramberg erlebt sie gute Jahre, sie verbringt die Zeit mit Kameradinnen aus der Schule, aus der Umgebung, ja, sogar aus dem Umfeld der Freikirchler:innen.

Gegen Ende des Schuljahres hört sie von einer Freundin, die sie vom Konfirmationsunterricht kennt, dass ein Bauernhof im Welschland eine Haushaltshilfe suche. «Wahrlich ein Geschenk für mich», meint Louise. Sie habe den Hinweis dankbar aufgenommen und zögert nicht, mit Abklärungen zu beginnen. Sobald alles geklärt ist, organisiert sie die Reise nach Signy-Avenex, einen Weiler im Waadtländer Jura oberhalb Nyon, für die damalige Zeit ein aufwändiges Unterfangen. Sie ist ganz auf sich alleine gestellt. Reiseunerprobt sei sie gewesen, mit der Familie seien sie nie gereist, wohin auch und womit?

Die Mutter habe Widerstand geleistet, hart sei sie gewesen und geblieben, denn sie habe beim Einpacken gar nicht geholfen. Louise näht, flickt – ohne jegliche Hilfe. Die Mutter sei dann sogar krank geworden, sie habe sich bestimmt Sorgen gemacht. Die Schwestern hätten reklamiert: «Jetzt macht sie schon wieder was sie will, wie immer das, was die Eltern nicht wollen.» Der Vater hingegen blieb still, er habe ihre Selbständigkeit immer akzeptiert.

Louise macht sich auf den Weg zum besagten Hof, wo sie schon bald einsteigt als «Mädchen für alles». Eine erlebnisreiche, erfüllende Zeit sei das gewesen. Rückblickend meint sie, nicht selten sei sie an ihre physischen Grenzen gestossen, habe aber ein gewisses Ansehen bei den Leuten im Dorf genossen. Sie ist überzeugt, dass diese Erfahrung ihr Kraft gegeben habe für ihren beruflichen und persönlichen Werdegang.

Ein Jahr im Welschland

Louise fügt sich problemlos in die Gastfamilie und in die Hofarbeit ein. Frauenhände sind gesucht. Sie packt überall an, macht den ganzen Haushalt, schaut zu den Kindern, den Hühnern, bringt den Männern Essen und Trinken aufs Feld. Aus heutiger Sicht lag ihre Mutter falsch, wenn sie behauptete, «im Welschen» lerne man nichts, die Leute dort würden ihre Wäsche zum Trocknen noch immer an die Gartenzäune hängen und im Garten nur Chicorée pflanzen. Das stimme schlechthin nicht, aber wie hätte ihre Mutter das wissen, wie hätte sie reagieren sollen? Offenbar war es für ihre Mutter ein schwieriger Moment, ihre jüngste Tochter ziehen zu lassen.

Sie erzählt mit viel Energie von dieser Zeit, erinnert sich an viele kleine Episoden, an Geschichten aus dem Hofalltag oder an ihre Besorgungen im Dorf.

Louise: «*Der Bauer, selbst Sohn einer Bauernfamilie, bewirtschaftet den Hof mit Milchkühen in Pacht. Die Frau des Bauern ist Geigerin und auf dem Hof wenig präsent, da sie in Genf Geige unterrichtet. Wenn sie zuhause ist, macht sie kaum etwas. Wegen der vielen Abwesenheiten von Madame übernahm ich nebst Haushalt auch die Betreuung der Kinder. Also, da gab es viel Neues für mich. Zum Beispiel war da dieser moderne Herd gewesen, ein Tiba-Herd. Auf einer Seite konntest du mit Holz kochen, das Feuer auf der anderen Seite heizte dann das Haus. Ich musste haushalten, obschon ich ja keine Ahnung hatte. Ich habe dort wahrlich viel 'gewerkt' und konnte alles, was ich zu tun hatte, Tag für Tag besser. Zuletzt hat das ganze Dörfchen gewusst, dass ich alles kann. 'Ah Louise, elle fait tout, elle fait le jardin, elle fait tout. Elle va à la campagne, elle va aider au chef…', so die Männer aus dem Dorf.* » (Gespräche 2019)

Louise ist auf sich alleine gestellt, muss den Alltagsrhythmus, das Dorf, die Menschen kennenlernen. Ihr Französisch ist schwach, die Einheimischen sprechen kein Wort Deutsch. Doch die Arbeit habe ihr viel Kraft gegeben. Wertvolle Erfahrungen habe sie gesammelt, ihr Wissen erweitert, was ihr im Leben sicher zugutegekommen sei.

Sie beisst sich durch, ihr Rücken schmerzt, die Tränen stehen oft zuvorderst. An Weihnachten 1947 fährt sie für ein paar Tage nach Hause auf Besuch, ihr Verdienst reicht gerade für das Zugticket. Übermüdet, überarbeitet und abgemagert. Die Mutter meinte, sie sei wie ein Faden und voller Schürfungen. In diesen Tagen wird sie krank. Die Eltern sind dagegen, dass sie auf den Hof zurückgeht. Doch klein beizugeben sei nicht ihre Art, im Gegenteil. Ihr Kopf habe es nicht zugelassen, so sei sie halt trotzdem wieder hingefahren. Aber bei ihren Eltern habe es Spuren hinterlassen, sie hätten sich zu fest Sorgen gemacht.

So endete ihr Aufenthalt dann auch kurz nach diesem Besuch zuhause, sie hätte es so nicht wirklich erwartet. An einem Sonntagmittag im Februar 1948, nach einer verschneiten Nacht, sie sei in der Küche gewesen um Essen zuzubereiten, da habe es an der Hoftür klopft. Sie habe es gleich gewusst: Das war ihr Vater, der sie holen kommt.

Louise: «Ich frage den Vater, was er wolle. 'Dich holen kommen', sagt er. Dann kannst du gleich wieder gehen, antworte ich und mache die Tür wieder zu. Ich hatte ihn ja so gern… Er macht die Tür wieder auf und meint, dass er gleich wieder weggehe, dass sie ihm aber zumindest einen Kaffee machen könne. Schliesslich habe er Nachtschicht gehabt, den Weg bis hier nur mit Mühe geschafft. Dem Monsieur erklärt mein Vater, er sei hier, um mich zu holen. Alle schreien durcheinander: 'Das geht doch nicht! Ohne Louise geht hier gar nichts.' Madame kommt in die Stube, sie heult und sagt dann, ich sei nicht ihr Dienstmädchen, sondern eine Freundin des Hauses, würde immer für alles schauen. Die Kinder weinen, nein, sie dürfe doch nicht weggehen. Mein Vater lässt sich nicht darauf ein und sagt bestimmt: 'Doch, sie muss mitkommen.' Und zu mir: 'Komm, wir holen dein Zeug.' Es war ja nicht viel zum Einpacken. Eigentlich war ich damals sehr böse auf ihn, warum hatte er nicht zum Voraus angekündigt, dass er mich holen kommt? Auf jeden Fall hat er meine Pläne durchkreuzt.» (Gespräch, 2021)

Louise gibt ihre Pläne nicht auf. Längst hat sie den Entscheid gefällt, ab jetzt selbstständig ihr Leben zu gestalten. Im Welschen sei sie die wichtigste Person gewesen, die den ganzen Haushalt geschmissen habe. Sie wusste aber auch, dass dieser Einsatz im Welschland von beschränkter Dauer war. Sie musste sich also um das «Nachher» kümmern und das tat sie bereits als sie noch bei der Bauernfamilie arbeitete. Sie musste also eine Lehrstelle suchen. Denn auf keinen Fall wollte sie zurück nach Hause gehen. Sie machte sich also früh genug auf die Suche nach einer Lehrstelle für den Sommer 1948, dann würde sie siebzehnjährig sein. Sie war – ihrer Erzählung gemäss – gleich erfolgreich, obschon dies für damalige Zeiten nicht einfach gewesen sei. Das kleine Senfkorn habe sie begleitet, sei mit ihr gewachsen, helfe ihr, das Leben zu entdecken, ihre Kraft zu spüren. Davon ist sie heute immer noch fest überzeugt.

Büroalltag auf der Gemeindeschreiberei Uttigen

Louise fährt mit ihrem letzten ersparten Geld, das ihr der Bauer bezahlt hatte, nach Uttigen, um sich dem Gemeindeschreiber vorzustellen. Die Reise von Nyon bis Uttigen ist umständlich. Doch es lohnt sich. Sie wird sofort als Lehrtochter aufgenommen. Allerdings muss sie beim Lehrmeister zuhause wohnen und für Kost und Logis bezahlen. Sie willigt ein, im Wissen, dass sie das erste Lehrjahr kein Entgelt bekommen wird. Weil Louise noch nicht volljährig ist, muss ihr Vater den Lehrvertrag unterschreiben. So erfährt er von den Arbeitsbedingungen, unter anderem, dass sie für die Kost selber aufkommen muss. Dem Vater sei das in den falschen Hals geraten.

Louise: «*Ich brauchte bares Geld, um die Kost zu bezahlen, doch wer hat Geld? Ich habe keins, die Eltern haben auch nicht viel, abgesehen davon, dass ich von ihnen ja gar keines wollte. Ich habe mein Leben selber gewählt. So schrieb ich der Direktion von der Wander AG, dem Arbeitgeber meines Vaters, und erklärte meine Situation, schön der Reihe nach, wie in einem Aufsatz. Ich musste 2'000 Franken Schulden machen. Das war damals ein Haufen Geld, wenn du keines hast. Zuhause sagte ich nichts. Doch der Direktor zitierte alsbald den Vater ins Büro, zeigte ihm meinen Brief und fragte, ob das seine Tochter sei... Er hätte dabei gelacht. Mein Vater sagte ja, aber er wisse von nichts.*» (Gespräch, 2020)

Louise ist gerade mal 17 Jahre alt, als sie dieses Gesuch für ein Darlehen bei der Wander AG stellt. Sie habe wohl die Unterstützung eines Schutzengels gehabt, meint sie. Sie sei nicht fromm, nein. Und auch wenn sie sich diese Wesen nicht vorstellen könne, diese Schutzengel stünden ihr in den entscheidenden Momenten zur Seite, damit sie das Richtige tue.

Sie erhält das Darlehen, verpflichtet sich aber, dieses bis spätestens 30 Tage nach Lehrabschluss vollständig zurückbezahlt zu haben, die erste Rate bereits mit dem ersten Monatsgehalt. Ansonsten würde die Wander AG den Betrag beim Lohn des Vaters abziehen, hiess es von der Direktion. So «hundsniederträchtig» seien nur Menschen, die Geld und Macht hätten. Noch heute empört sie diese Haltung des Unternehmens. Ovomaltine würde sie nie im Leben trinken, fügt sie lachend hinzu. Heute versteht sie das Geschäft der Wander AG, aber damals lastete der Darlehensvertrag doch sehr schwer.

Louise: «*Weisst du, mir muss man gar nichts sagen auf dieser Welt. Ich habe gesehen, wie die Machthaber regieren, wie sie Profite machen, im Krieg besonders. Ich habe Krieg aus der Ferne erlebt. Der Vater musste einrücken, obschon er nie wollte. Er war eigentlich ein Pazifist, so wie ich. Wenn er sich aber geweigert hätte einzurücken, wäre er als Deserteur erschossen worden, im Wald, im Forst. Du konntest dir nicht einen falschen Schritt leisten in deinem Leben. Nicht einen. Dieses Unbehagen habe ich bis heute, das bringe ich nicht los. Geld und Name sind Macht, doch du bist niemand, das war damals so, das ist heute so. Du gehörst nirgends dazu. Aber weisst du, mein Vater hatte sich natürlich innerlich sehr über den Vertrag mit der Gemeindeschreiberei gefreut! Meine Mutter hatte Angst vor einer Verschuldung, mein Vater musste sie beruhigen, er sei sicher, dass ich das schaffe!*»
(Gespräch, 2020)

Louise will vor allem eines: ihre Unabhängigkeit stärken. Niemand soll sich jemals wieder in ihr Leben einmischen. Der Wegzug von Zuhause ins Welschland war der erste Schritt in diese nicht ganz einfach zu bewältigende Selbständigkeit. Den Aufbruch nach Uttigen sieht sie als konsequenten zweiten Schritt. Louise bereut es nie, trotz der anfänglichen finanziellen Unsicherheiten und der tiefsitzenden Demütigung, die sie durch den Pfarrer erfahren hatte.

In Uttigen ist Louise beim Lehrmeister zur Miete. Sie arbeitet sich schnell und problemlos ein. Sie sei schon bald in der ganzen Gemeinde bekannt gewesen, alle hätten sie «Louise» gerufen. Doch Louise hat schon weitere Träume. Das Büro ist nämlich nicht ihre Welt. Lehrerin möchte sie werden. Die Schule war für sie immer ein wichtiger Ort, sei es zum Lernen oder, um Wissen zu vermitteln.

«Du bist jetzt ein Buch»

Louise beschreibt detailreich ihre Aufgaben als junge Lehrtochter und gibt so einen interessanten Einblick in das damalige Wirken einer kleinen Gemeindeschreiberei (1947-1951)[8].

Louise: «In Uttigen gab es zwar ein Archiv, eine Registratur fehlte jedoch. Kein einziges Sitzungsprotokoll war registriert, nichts. Der Statthalter rügte, noch vor meiner Zeit, die Gemeindeschreiberei und ordnete eine Bürorevision an, klar, damals alles ohne Rechner. Weil sich die Gemeinde keine zusätzliche Stelle leisten konnte, holten sie eine Lernende, eben mich. Ich registrierte alle Protokolle der Kommissionssitzungen der letzten 31 Jahre! Das ist zurückgegangen bis in die Jahre des ersten Weltkrieges, und damals gab es für die Gemeindeschreiberei zusätzliche Arbeit mit den Märklein und dem Militärgestürm. Ich machte davon eine Registratur. Das weiss doch heute niemand mehr, wie es damals war. Satz für Satz. Punkt für Punkt. Geschäft für Geschäft. Das Personalregister, das Protokoll der Aussagen all dieser Idioten im Rat, einzeln. So war das.» (Gespräch, 2020)

Louise sass also am Pult, vor ihr die Folianten der Gemeinderatssitzungen, diese riesigen Bücher. Sie musste die erwähnten Namen aller Redner alphabetisch ordnen, das gleiche bei den Sachgeschäften. Alles sei minutiös protokolliert gewesen, jedes Detail aufgeschrieben, alles durcheinander – ein Berg von Arbeit, sie sei am Anschlag gewesen, Tränen in den Augen. Sie hielt aber durch, sie will die Lehre gut zu Ende bringen. Entsprechend der Protokolle der Gemeindeversammlung schrieb Louise meist von Hand «ins Reine». Pro Seite bekam sie zusätzliche 50 Rappen, ein willkommener Zusatzverdienst.

In der Familie des Gemeindeschreibers fühlte sie sich zuhause, wie ein Familienmitglied, sagt sie heute. Sie beteiligte sich an den Tischgesprächen, argumentierte und warf ab und zu gewagte Meinungen in die Runde. Der Gemeindeschreiber mokierte sich über ihre Sturheit und ihre pointierten Ansichten. Das ging ja noch, aber dass er sich auch über den Glauben lustig machte, missfiel ihr sehr. Sie habe dem Lehrmeister widersprochen, sei regelrecht aufgebraust, was ihn offenbar erzürnte. Wenn sie so weiterfahre, ihre Meinung direkt, nie hinter vorgehaltener Hand zu sagen, würde sie was erleben. Im Belperdialekt hiess das: «Du chasch de luege wies dr geht, we de so wyterfahrsch.» Aber es sei ihr gut gegangen, sie habe auch so weitergemacht und sei doch erfolgreich gewesen.

Nach drei Lehrjahren bekommt sie vom Gemeindeschreiber ein 'Bombenzeugnis', wie sie sagt. Im April 1951, zwei Monate vor ihrem zwanzigsten Geburtstag, schliesst sie ihre Lehre ab.

Louise: «*Ich sagte zu mir: Nein, lieber Gott, ist das jetzt alles, was du mit mir willst? Ich heulte innerlich. Aber plötzlich ging mir ein Licht auf. Plötzlich sah ich, dass das alles ja hochinteressant war! Stell dir vor, ich kenne das Geschehen der Gemeinde auf 31 Jahre zurück, jeder Hahnenschiss, der passierte, all das 'Gschtürm' wie beispielsweise die Auswässerung der Moore. Jedes Detail dieser Arbeit war notiert. Ich kannte damals das Wort 'Historiker' nicht, aber ich merkte, dass niemand diese Gemeinde so gut kannte wie ich! Du bist jetzt ein Buch, sagte ich mir. Dir kann niemand mehr etwas vormachen in dieser Gemeinde, du bist jetzt diejenige, die alles weiss, und das ist historisches Wissen! Ich lernte hier Geschichte der letzten 31 Jahre, alles zu Uttigen, ich war ein Reservoir an Informationen».* (Gespräch, 2021)

Episode II: Bürgerbriefe

Alle jungen Männer der Gemeinde erhalten bei ihrer Volljährigkeit einen Bürgerbrief. Louise soll nun die Namen der Jünglinge mit Feder und Kunstschrift eintragen. Junge Frauen gehen leer aus, und Louise wird deswegen beim Gemeindeschreiber vorstellig:

«Ich sagte ihm, das sei das erste und letzte Mal, dass ich so etwas mache. Das geht doch nicht, ich bin eine Bürgerin und bekomme dennoch keinen Brief. Bin ich nicht auch jemand? Klar, ich bin nur eine Frau, aber ich gehöre dazu. Wir Frauen waren damals halt noch ohne Stimmrecht, darum zählten wir nicht dazu.»

Sie weigert sich, die Briefe fertigzumachen. Der Gemeindeschreiber habe Kopf schüttelnd gemeint, ihr sei ja nicht zu helfen, eine unübertroffene Sturheit!

«Und tatsächlich hat er für mich einen Brief zu meiner Volljährigkeit geschrieben. Natürlich hatte dieses Papier keine offizielle Bedeutung, trotzdem! Er erklärte dem Gemeinderat, man werde mich als Bürgerin begrüssen. Ich bekäme den Brief, er habe einen für mich geschrieben. Die Ratsmitglieder lachten und lachten, wie sie lachten, diese Männer, sie freuten sich aufrichtig. Ja, ich bin auf diese Art eine Vorkämpferin gewesen für das Stimmrecht der Frauen». Louise lacht. «Und das alles allein, ohne Rückhalt, ohne Unterstützung, allein in der Landschaft.» (Gespräch, 2022)

In Uttigen öffneten sich Louise neue Wege, um ihr Verhältnis zur Kirche weiterzudenken. Dies dank einem Pfarrer aus Kirchdorf, ein lieber netter Mensch sei er gewesen, der einmal im Monat im Schulhaus der Gemeinde die Predigt hielt. Louise hörte ihm gerne zu. Doch offenbar passte er den Männern der Gemeinde nicht, sie wollten ihn loshaben. Warum wohl? Ihr gefielen seine Predigten sehr. Bisher habe sie ja nur gerade einen Pfarrer erlebt, einen unmöglichen noch dazu, und nun dies! Anstatt seine Predigt zu hören, gingen die Männer in den Ochsen, wohl um sich Mut anzutrinken, um dann in der anschliessenden Gemeindeversammlung diesen Pfarrer zu demütigen, der Gemeindeschreiber mitten unter ihnen. Beim Mittagessen zu Hause würden sie bluffen, wie sie ihm die «Chuttle geputzt» hätten, so auch im Hause des Gemeindeschreibers. Louise musste reagieren. Sie habe ihrem Lehrmeister direkt ins Gesicht gesagt, was sie denn für Männer seien, das sei ja ziemlich schwach gewesen, was sie da geboten hätten, kraft- und mutlos! Wenn ihnen etwas nicht passe, sollten sie doch besser mit diesem Menschen sprechen. Aber nein, im Gegenteil, sie hätten noch die Frechheit, während seines Gottesdienstes in die Beiz zu gehen und dann an die Versammlung, wo sie ihn richtiggehend abkanzeln. Die Frau vom Gemeindeschreiber habe richtig gezittert ob Louises Worte. Der Lehrmeister sei schon etwas in sich zusammengefallen und habe wohl gemerkt, dass man mit ihr nicht einfach so leicht durchkam, so erinnert sich Louise heute.

Erkennen, Lernen, Zupacken

Trotz den kleinen Unstimmigkeiten habe der Lehrmeister ihren Einsatz geschätzt. Weil er beruflich oft abwesend war, plante er die Aufgaben für Louise am Abend vorher. Manchmal, wenn sie schon im Nachthemd gewesen sei, habe seine Frau im Auftrag ihres Mannes Louise in die Küche gerufen, um ihr die Aufgaben für den nächsten Tag zu erklären, sie habe das jeweils sehr gerne angenommen. In der Familie fühlte sie sich soweit wohl. Nur mit den Kindern sei es nicht einfach gewesen. Sie hätten sich geweigert, ihre Schulaufgaben zu erledigen, was zuhause für Unruhe sorgte. Weil Louise das Geschrei nicht ertrug, entschloss sie sich, selbst der Tochter das Lesen beizubringen. Es klappte, was sie natürlich freute, zumindest im kleinen Rahmen als «Lehrerin» fungieren zu können.

Ihren Wunsch, Lehrerin zu werden, gibt sie während der Lehre nicht auf. Sie hofft auf einen «Lehrauftrag», wie sie sagt, ein Studium möchte sie machen. Sie träumt davon, ihre Erfahrungen weitergeben zu können, ihr Wissen, ihr «Zeugs». Auf der Gemeindeschreiberei lernt sie viel dazu, denn sie muss zu unterschiedlichsten Geschäften und Abläufen Informationen beschaffen, um die Auskünfte richtig zu erteilen. Sie sieht, dass sie mit diesen Aufgaben wichtiges Grundwissen erwerben kann, was ihr den Zugang zu einem Studium möglicherweise erleichtern könnte. Schliesslich hätte die Berufsberaterin damals gesagt, irgendeinmal würde sie bestimmt Wege finden, um ihr reiches Wissen zu nutzen und weiterzugeben, auch ohne Gymnasium.

Louise: «*Während der Lehre hatten wir auch Unterricht und zwar in Verwaltungslehre und kaufmännischem Wissen. Besonders interessant fand ich den juristischen Stoff in der Verwaltungslehre. Der Lehrer bot uns an, an einem zusätzlichen Nachmittag Rechtsphilosophie zu unterrichten, klar, nur falls die Lehrmeister es uns erlauben würden. Meiner willigte ein, weil er mit meiner Arbeit zufrieden war. So lernte ich die Juristerei aus einer ganz anderen Perspektive kennen, eine seriöse Angelegenheit, und mir fiel es nicht schwer, den Inhalten zu folgen. So genoss ich eine besondere Bildung, die nach aussen keinen Namen trug, nein, aber in mir drinnen habe ich sie mitgenommen. Darum wage ich es heute, mit meinen juristischen Kenntnissen korrigierend einzugreifen, wenn es nötig ist.*» (Gespräch, 2021)

Prägende Begegnungen

In Uttigen knüpft sie Kontakt mit der Kindergärtnerin, die nebenbei auch eine Sonntagsschule für die Kinder anbietet. So etwas gebe es heute wohl kaum mehr, fügt Louise hinzu. Eine besondere Frau sei sie gewesen, die Tante Debrunner, wie man sie im Dorf nannte. Sie ist es auch, die ihr den Kontakt zum Blauen Kreuz vermittelt – ein wichtiger Meilenstein im Leben von Louise. Alsbald übernimmt Louise einen Sonntag, um Aktivitäten für das Blaue Kreuz zu organisieren. Noch in Uttigen gründet Louise den Hoffnungsbund .[9]

Louise: «*In Uttigen gründete das Blaue Kreuz eine Gruppe, da ging ich hin. Und die Leute kannten mich bald: Das ist die Louise, die Gemeindeschreiberei-Louise. Das gab mir Kraft. Ich habe noch Fotos von einem Ausflug mit den Aktiven vom Hoffnungsbund. Sogar sechsjährige Kinder waren darunter. Wir spazierten zu meinen Eltern nach Bramberg, zu Fuss, immer mit der Fahne, mit dem Blauen Kreuz und dem Hoffnungsbund unterwegs. Für mich sind das wichtige Erfahrungen ausserhalb der Kirche. Die Kirche selber hat mich jahrelang nicht beschäftigt. Auf der Fahne des Jugendwerks hiess es zwar Religion und Abstinenz, aber das kümmerte mich nicht. Für mich war nicht das Evangelikale entscheidend, sondern die Problematik der Abstinenz.»* (Gespräch, 2023)

Die Frage der Abstinenz sollte sie auch bei ihrer ersten Stelle beschäftigen. Sie findet eine feste Stelle als Sekretärin in Bern West, wo die Stadt Bern eine Filiale der Schulzahnklinik gerade eröffnet hatte. Dank dem Arbeitsplatz kennt sie bald alle Schulkinder in Bümpliz. Wie sie sagt, gingen alle auf dem Weg zur Schule an der Klinik vorbei. Inspiriert von Uttigen, gründet sie im bestehenden Hoffnungsbund analog zur Bubengruppe eine Mädchengruppe (später Töchter- und Jünglingsbund). Mit ihren vielfältigen Erfahrungen in der Jugendarbeit habe sie dem Blauen Kreuz neuen Schwung verleihen können. Hier lernt sie auch ihren Mann Paul als Aktiven im Stadtverein des Jünglingsbundes kennen. Die verschiedenen Gruppen hätten viele gemeinsame Anlässe organisiert und so seien halt in dieser Zeit einige Liebschaften daraus entstanden. Eine bewegte und einflussreiche Zeit in Louises Leben sei das gewesen, wie sie rückblickend festhält. Für sie war diese Arbeit auch im Sinne ihres Gerechtigkeitsverständnisses, heute würde man vielleicht auch Chancengleichheit sagen. In ihrer Arbeit habe Gerechtigkeit immer eine wichtige Rolle gespielt, es treibt sie um, wenn sie Menschen begegnet, die schlechte Voraussetzungen für ein gesundes Leben mitbringen, und sie will sie unterstützen.

Zwischenhalt II: Gerechtigkeit

«Innerhalb dieses Lebensweges ist die Überzeugung gewachsen, dass Mensch und Natur nur in einem System überleben können, das Gerechtigkeit garantiert. Die wichtigsten Aspekte sind gewaltfreie friedliche Welt und Liebe zur Vielfalt der Möglichkeiten.

Gerechtigkeit gab es für mich nicht, das musste ich mit 16 Jahren zur Kenntnis nehmen, und wohl noch weniger für ärmere, verlorenere Menschen. In meinem Leben habe ich immer wieder Menschen getroffen, deren Familien wenig hatten, ausser Probleme mit Krankheit, Alkohol, Depressionen, Gewalt. Wenn ein Kind dem Schulunterricht einfach plötzlich fernbleibt, ohne dass es von den Eltern abgemeldet worden wäre, der Lehrer oder die Lehrerin aber nichts unternimmt, empfinde ich das als ungerecht. Die Lehrkraft müsste das merken und sofort etwas unternehmen, Unterstützung leisten. Das ist eigentlich ihre Pflicht. Die einen schaffen es alleine, sich Hilfe zu holen, die anderen eben nicht. Wer meine Adresse kannte, schickte Menschen, die viel Ungerechtigkeit erfahren hatten und Unterstützung brauchten, zu mir. Die Tür war immer offen. Ja, vielleicht ist das immer noch nicht Gerechtigkeit, aber mindestens eine Unterstützung auf dem Weg, erwachsen zu werden. Aber eben, die Erfahrung grosser Ungerechtigkeit sitzt oft ganz tief und ist schwer wieder gut zu machen.

In meinem komplizierten Leben fühle ich mich oft verloren. Erst wenn ich Wege erblicke, die weiterführen, wenn ich das Leben mit Menschen teilen kann, die Verluste und Ungerechtigkeiten erfahren haben, finde ich Halt in meinem Einsatz für mehr Gerechtigkeit.» (Interview von Februar 2024).

Teil III

Politische und soziale Herausforderungen

Nach ihrem Lehrabschluss zieht Louise nach Bümpliz, um ihre Arbeit bei der Schulzahnarztklinik anzutreten. Verwahrloste Kinder zu sehen, deren Väter dem Alkohol verfallen waren, viel sichtbares Elend, ahnend, was hinter den Mauern ihrer Wohnung noch geschah, war für Louise ein Grund, aktiv zu werden. Neben der Arbeit in der Klinik engagiert sie sich sozial. Das sei ihr ja nicht unbekannt, schon in Neuenegg habe sie einiges Unerfreuliches gesehen und dann jeweils versucht, unterstützend einzugreifen. In Bümpliz sei die Lage teilweise wirklich prekär gewesen und Veränderungen wirklich nötig.

Ihr grosses Anliegen bis heute: Sie möchte die Lebensqualität junger Mädchen verbessern, ihnen Raum bieten, sie motivieren, gemeinsam etwas zu unternehmen. Den Töchterbund vom Blauen Kreuz sieht sie als geeignetes Gefäss dafür. Damals existierte in Bümpliz bereits ein Hoffnungsbund, Mädchen- und Bubengruppe, sowie der Töchter- bzw. Jünglingsbund, getragen von jungen Menschen, die im Blaukreuz-Verein aktiv waren[10] .

Das Vorhaben von Louise, mit Mädchen und jungen Frauen zusammen etwas zu erarbeiten, zu unternehmen, wird vom Verein unterstützt. Die Situation, die sie antrifft, birgt – so Louise – grosse Gefahren für die Mädchen. Gerade die durch alkoholabhängige, vielleicht noch arbeitslose Väter bedingte Verwahrlosung könnte sie besonders hart treffen. Louise ist überzeugt, dass die Mädchen und Frauen viel schöpferisches Potenzial und Interesse haben[11] .

Louise arbeitet mit den «begeisterungsfähigen» Mädchen und jungen Frauen im «Töchterbund», wie es früher hiess, eine Gruppe, die ziemlich «unangepasst» gewesen sei, so Louise lachend. In Bümpliz sei der Verein aufgeblüht, wahrlich eine Glanzzeit sei das gewesen für das Bümplizer Blaue Kreuz. Das grosse Jugendfest, das sie einmal gemeinsam mit den Jünglingen organisiert hätten, habe sie auch etwas stolz gemacht. Was sie zusammen mit diesen Mädchen und jungen Frauen, die im Leben immer eher auf der schattigen Seite gestanden hätten, damals geleistet habe, sei wirklich ein Erfolg, meint sie rückblickend! Ihr Engagement sei riesig gewesen, bestätigen Frauen, die damals als junge Frauen im Töchterbund engagiert waren. Initiativ sei Louise gewesen, mit einer grossen Begabung, die Mädchen zu motivieren, zu begeistern und ihnen Freude am Geschehen in der Gruppe zu vermitteln. Auf eine spannende Art und Weise habe sie heikle Themen angesprochen. Louise habe immer viele Ideen eingebracht, themenspezifisch, entsprechen der Philosophie des Blauen Kreuz, gespickt mit lustigen Pointen und Gegebenheiten. Sie habe Theaterstücke einstudiert und weil die Mädchen Louise vertrauten, hätten sie Louise bei Problemen um Rat gefragt. Kompetent, achtsam und sorgfältig hätte sie die Mädchen beraten.

Das «wahrhaftige» Leben

1953 heiraten Louise und Paul, ebenfalls ein engagierter Freiwilliger beim Blauen Kreuz. Gemeinsam ziehen sie in die Länggasse ins Haus von Louises Schwiegereltern. Sie haben drei Kinder. Als das jüngste der drei Kinder den ersten Schultag hat, meldet sich Louise für die Ausbildung zur Sozialarbeiterin an. Man hätte sie nicht gern aufgenommen, wie sie sagt. Es sei damals unüblich gewesen, als Familienfrau eine Ausbildung zu machen.

Louise: *«Mit dem Einstieg ins Erwachsenen- oder besser Berufsleben, hat 'mein eigentliches Leben' begonnen. Die Daten sind da weniger wichtig, wichtig sind die Momente der Entscheide und vor allem der Begegnungen. Die Zusammensetzung vieler nahen und fernen Geschichten ergibt letztlich die eigene Geschichte. Ich darf es schon sagen, nicht wegen meines Berufes war mein Denken und Handeln immer auf die Bedürftigkeit meiner Mitmenschen ausgerichtet. Sozialarbeit als Beruf war die letzte für mich mögliche Ausbildung.»* (Gespräch, 2022)

Sie habe früh erkannt, dass die soziale Arbeit für sie sehr bedeutungsvoll gewesen sei. Sozialarbeit sei etwas im tiefsten Sinn des Lebens Verborgenes, das über berufliche Kenntnisse hinausgeht. Zentral für Louise war immer schon der politische Aspekt der sozialen Arbeit, ihr sinnstiftender Wert. Im Grunde ginge es eigentlich um Arbeit für Gerechtigkeit, davon ist Louise überzeugt.

Um ihren politischen Ansprüchen gerecht zu werden, tritt Louise nach Annahme des Frauenstimmrechts der Sozialdemokratischen Partei SP Länggasse bei. Sie tut es «mit wehenden Fahnen und dem Vertrauen in die Partei für Gerechtigkeit». Bald politisiert sie im SP-Vorstand und beteiligt sich an unzähligen Aktionen für mehr Gerechtigkeit, für bessere Lebensbedingungen der Menschen am Rande der Gesellschaft. Eine Notwendigkeit sei das, um eine friedliche Welt anzusteuern, alles andere schaffe Gewalt, Ausbeutung und viel Ungerechtigkeit. Das könne sie mit ihrer Einstellung nicht vereinbaren.

> «Louises Einsatz für den Frieden gibt mir immer wieder Hoffnung und motiviert mich, weiter für eine gerechtere Welt einzustehen. Ihr Handeln zeugt von viel Lebenserfahrung, Weisheit und einem sehr grossen Herzen. Beispielhaft beweist sie, wie ein kontinuierliches Engagement im Alltag Grosses bewirken kann. Ich bin dankbar für die vielen inspirierenden Momente, die ich regelmässig mit ihr erlebe und für die über die Jahre entstandene, wunderbare Freundinnenschaft.» (Weggefährtin und GSoA-Aktivistin)

Ihr Gerechtigkeitssinn motiviert Louise, sich für Leute auf der Schattenseite zu engagieren. Ihr Glaube, ihre Geduld, der Respekt vor den Menschen, ihre klare Haltung gegenüber den Schwächeren dieser Gesellschaft: sie bleibt ihrem Prinzip der Gerechtigkeit treu. Sie spürt die Ursachen der Ungerechtigkeiten mit viel Sorgfalt auf, analysiert politische Umstände, soziale Krisen, wirtschaftliche Abhängigkeiten und Transformationen, die Ausgrenzung und Prekarisierung erzeugen. Sie versteht die Lebensumstände der Menschen am Rande der Gesellschaft sowohl als individuelle Geschichten wie auch als Ausdruck struktureller Ungerechtigkeiten. Louise beschäftigen die sozialen Widersprüche dieser Zeit, sie ordnet ein und überlegt sich den politischen Kontext. Sie bringt ihr Unbehagen zum Ausdruck, wenn sie die Machtverhältnisse analysiert. Ihre Praxiserfahrungen verortet sie entsprechend und versucht den Sinn ihrer Aktionen im Hinblick auf Veränderungen zu benennen. Beispielsweise, wenn sie sich in der Jugendbewegung engagiert. Wenn nötig, geht sie auch stellvertretend für die Jugendlichen zur Polizei.

Wenn Louise von ihrer Zeit in der Länggasse erzählt, wird ihr Engagement für Menschen am Rand der Gesellschaft sichtbar. Sie setzt sich ein für armutsbetroffene Familien, die schamlos von ihren Wohnungsvermietern ausgebeutet werden. Für Menschen, die wegen ihres Drogenkonsums ins Abseits geraten. Für die widerständigen Jugendlichen, wenn sie aus ungerechtfertigten Gründen von der Polizei schikaniert werden. Sie arbeitet eng mit der Pfarrei in der Länggasse zusammen. Der damals amtierende Pfarrer habe gerade während der Zeit der Hausbesetzungen und Jugendbewegung viel Engagement gezeigt und die nötige Unterstützung geboten. Viele dieser Jugendlichen seien vor der Polizei ins Pfarrhaus geflüchtet. Die Pfarrfrau habe mitgeholfen, ohne Angst vor rechtlichen Folgen. Der Pfarrer habe viele Jugendlichen aufgefangen, um zu verhindern, dass sie in die Drogenabhängigkeit abstürzen. Die Begegnungen mit diesem Pfarrer seien für sie wichtig gewesen, meint sie voller Respekt vor seinem Einsatz für die jungen Menschen, für Gerechtigkeit. Die umfassende und vertrauensvolle Unterstützung, diese Freundschaft, die sie damals mit dem Pfarrer verbunden hätte, habe ihr Kraft gegeben und sie in ihrer Grundhaltung bestätigt.

Beruflich-politische Verflechtungen

In den achtziger Jahren machen sich vor allem Jugendliche im öffentlichen Raum bemerkbar. Sie tragen ihre Wut gegen das kapitalistische System und die Ausbeutung auf die Strasse. Es kommt vermehrt zu Zusammenstössen zwischen Jugendlichen und Ordnungshütern. Gerade in der Länggasse, wo Louise wohnt, kommt es gehäuft zu Auseinandersetzungen. Jugendliche, junge Menschen hätten den Mut gehabt, sich gemeinsam den Polizeikräften zu widersetzen, sich Freiraum zu schaffen und diesen auch zu verteidigten, so Louise. Sie unterstützt die Jungen, die in den 80er Jahren im Berner Quartier Länggasse aus Protest gegen die zunehmende Verteuerung des Wohnraums und der ungerechten Eigentumsverhältnisse Häuser besetzen. Sie habe ihre ganze Energie gegen Verelendung, Verdrängung, Ungerechtigkeit eingesetzt, damals, klar auf der Seite der rebellischen jungen Menschen. Es sei ihr ein grosses Anliegen gewesen, deren Ideen zu verteidigen.

Louise: *Aber klar, das Problem mit Drogen konnte niemand unter den Teppich wischen. Ich stellte mir immer wieder die Frage, wie die Jungen damit zurechtkommen, ohne dass man sie gleich kriminalisiert. Statt Polizeigewahrsam wäre eine fachgerechte Unterstützung wohl angebrachter gewesen. Es brauchte also dringend präventive Angebote für alle, die sie brauchten und beanspruchen wollten. Das gab es damals ja noch kaum!* » (Gespräch, 2022)

Sie kennt die Ängste und Sorgen der Jugendlichen und hält es für mehr als gerechtfertigt, sie gegenüber den Ordnungskräften zu verteidigen. Schliesslich sind die Machtverhältnisse nicht zugunsten der Jugendlichen, die klar am kürzeren Hebel sind.

Mit allen diesen Erfahrungen in der Länggasse hofft sie, über die Strukturen der SP mehr bewirken zu können. Im Fokus ihrer Arbeit sind nicht nur die Jugendlichen. Nein, in der Länggasse hätten damals noch «richtige Büetzer» (Arbeiter) gewohnt. Louise beschäftigen die zunehmenden Klassenunterschiede. Mit Sorge nimmt sie den zunehmenden Konsum und die steigende Intoleranz wahr. Gegen beides kämpft sie. Schon was ihr Vater damals in Neuenegg erfahren habe, vergesse sie nie. Sie engagiert sich, weil sie im Innersten das Vertrauen in die Menschen spürt. Vielleicht sei Robert Grimm (1881-1958), Mitglied der SPS und «Vater» des Landesstreiks von 1918 eine Art Vorbild gewesen.

Die Erfahrungen im Stadtteil, mit den Ordnungshütern, mit der Offenheit eines Pfarramtes für die Ausgegrenzten hätten ihren Gerechtigkeitssinn gestärkt und sie politisch radikalisiert. Sie kann auf das zurückgreifen, was sie als Kind gelernt hat: Wissen, was wie und warum geschieht, verstehen, wer ausgrenzt und wer diskriminiert wird, verstehen, was Wirtschaft, Politik und Gerechtigkeit miteinander zu tun haben. Sie verknüpft ihre Erfahrungen, ihr Wissen, ihre Überzeugungen mit dem sozialpolitischen Engagement. Dabei hilft ihr die Ausbildung zur Sozialarbeiterin, denn sie kann bereits während ihres Studiums ein Praktikum im Inselspital absolvieren und wurde dann auch gleich fest angestellt. Wie sie das damals geschafft habe, fragt sich Louise heute. Aber es ging, mit drei Schulkindern zuhause, sie selbst bereits im vollen Berufsleben und – nicht zu vergessen – die Freunde von Paul, ihrem Ehemann, die ihm gegenüber eher kritische Bemerkungen gemacht hätten, was ihre Arbeit betraf. Halt das alte Männerbild! Bemitleidet hätten sie Paul, doch er habe immer zu ihr gehalten, nicht als Hausmann zwar... klar, mit seinem Jahrgang! Immerhin habe er das «Guetnacht-Gschichtli» für die Kinder übernommen und sie bei den Schulaufgaben unterstützt.

Sozialarbeit im Inselspital

Im Inselspital arbeitet Louise in der Neurochirurgie und Rheumatologie. Viele der Patient:innen, die sie begleitet, sind Saisonniers aus Italien, die mehrheitlich auf dem Bau arbeiten. Sie nimmt aus nächster Nähe wahr, wie schlecht deren Situation ist. Sie sind gesundheitlich angeschlagen. Viele beklagen sich über die Art und Weise, wie mit ihnen umgegangen wird. Louise hört ihnen gerne zu. Sie will wissen, wie es ihnen geht, wie sie hier behandelt werden. Wenn man persönliche Schicksale zu hören bekomme, verstehe man alles nämlich viel besser. Um die Patient:innen richtig zu informieren, wenn sie Fragen haben, um sie zu unterstützen, zum Beispiel bei versicherungstechnischen Problemen, macht sie sich bei der italienischen Botschaft kundig. Das sei wichtig gewesen, meint Louise, und die Angestellten hätten sich Mühe gegeben. Mittlerweile kennt man Louise auf der Botschaft und unterstützt ihre Bemühungen, die Bauarbeiter in der Schweiz so gut, wie es ihre Aufgabe zulässt, zu unterstützen. Hilfsbereit seien sie gewesen auf der Botschaft, sie habe Zugang zu allen wichtigen Quellen bekommen, um den Männern im Spital zu helfen. Das sei noch echte Sozialarbeit gewesen, heute sei das wohl so kaum mehr möglich.

Die Arbeit in der Rheumatologie und Neurologie sei für sie allmählich sehr belastend geworden. Das bewog sie – mit dem Einverständnis des Professors, der ihren Weggang dennoch sehr bedauert habe («sie sei halt ein wertvoller Mensch») – in den Personaldienst des Inselspitals zu wechseln. Hier war sie direkt dem Inseldirektor unterstellt. Sie bleibt hier bis zur Pensionierung 1994. Rückblickend ist sie zufrieden mit der Arbeit im Inselspital. Gutes habe sie erlebt, trotz der Stimmung im Lande, wo der Fremdenhass ein unerträgliches Ausmass erreichte, wo rechtsextreme Polemiken grassierten.

Die Geschichte mit den Italienern, die als Patienten in die Insel kamen, sei eine Geschichte für sich. Es sei ihr überaus schwergefallen, mit anzusehen, wie man mit den Italienern umgegangen sei, wie man sie ausgenützt und kaputt gemacht hätte, lauter Ungerechtigkeiten seien da geschehen.

Louise: «*Das waren nicht Menschen, die auf der Baustelle Schwerarbeit machten. Man brauchte sie aber, die kleinen Männer, Analphabeten, das Hütchen schräg auf dem Kopf, immer mit Rückenschäden – wie man damals zu sagen pflegte. Niemand glaubte ihnen. Einen regelrechten Kampf führte ich mit den Versicherungen, damit sie die Spitalrechnungen nicht noch selber bezahlen mussten. Ich begleitete sie zu den Büros der Versicherungen, da sie ja kaum schreiben konnten. Doch die Leute bei der Versicherung wollten ihre Lage nicht verstehen, wie sollten sie auch. Sie teilten ja nichts mit den Italienern auf dem Bau. Ich wollte bei denen vorsprechen, die Einfluss hatten und ja, manchmal habe ich die Grenzen überschritten, wenn ich bei der Versicherung die Rechte der versicherten Italiener eingefordert hatte. Aber es lohnte sich, und mir ist eigentlich nie etwas passiert. Im Gegenteil, oft erreichte ich das, wofür ich gekämpft habe, nämlich, dass die Versicherung die Kosten übernahm.*» (Gespräch, 2023)

Die Geschichten dieser Saisonniers geben Louise zu denken und sie sucht nach Wegen, wie sie diesen Menschen zu Gerechtigkeit verhelfen kann. Das Klima in der Öffentlichkeit, unter den Leuten ist nicht gerade ermutigend. Ausländerfeindlichkeit ist weit verbreitet, der Begriff der Überfremdung in aller Munde, Ängste werden geschürt. James Eduard Schwarzenbach und andere wie Valentin Oehen nutzen die Gunst der Stunde für die Lancierung der Überfremdungsinitiative, über die die Stimmbevölkerung 1970 abstimmt[12].

In Zeiten grassierender Fremdenfeindlichkeit

Gleich in zweifacher Hinsicht ist Louise in diese Polemik involviert. Zum einen ist sie als Sozialarbeiterin im Inselspital regelmässig mit den Folgen der Diskriminierung von zugewanderten Arbeitern konfrontiert. Ihre Erfahrungen helfen ihr, Zusammenhänge zwischen der ausländerfeindlichen Politik und dem Gesundheitszustand der Patienten zu erkennen. Viele Ungerechtigkeiten seien da geschehen, sei das auf den Baustellen oder in der Landwirtschaft.

Zum andern kannte sie das Umfeld des Komplizen von Schwarzenbach, Valentin Oehen, selbst tragende Figur der Nationalen Aktion[13] . Dieser Valentin Oehen wohnte nämlich in Köniz, wo Louise und ihr Mann Paul seit Ende der 70er Jahre wohnten. Man kannte sich. Der Diskurs dieser Männer erschüttert Louise zu tiefst, und sie nutzt jede Gelegenheit, ihrem Entsetzen Luft zu verschaffen. Abschrecken lässt sie sich von Männern wie diesen schon gar nicht. Im Gegenteil, Louise will besonders Valentin Oehen herausfordern. Seine Partei, die Nationale Aktion, war bis weit in die 80er Jahre präsent mit fremdenfeindlichen Parolen und Initiativen. Der Ort, wo sie die Möglichkeit hat, ihn herauszufordern, sind Versammlungen, bei welchen er als Redner auftritt. Da habe sie viel gesehen, Unschönes gehört.

> ***Louise:*** *«Ich habe geblödelt, so getan wie wenn ich nichts verstehen würde, und nach der Bedeutung der von diesen Leuten verwendeten schrecklichen Begriffe gefragt. Mein Sohn, damals noch im Lehrerseminar, hat mich mit seiner ganzen Klasse an diese Veranstaltungen begleitet, um mich zu schützen. Später hat Oehen sich bei meinem Mann über mich beschwert und ihm gesagt: 'Du musst die Louise hüten, sie ist ja gescheit, aber eben… '». (Gespräch, 2022)*

All diese Erlebnisse schärfen das politische Bewusstsein von Louise. Sie ist wachsam und wenn ihr menschenfeindliche Wörter und Sprüche zu Ohren kommen, hält sie sich nicht zurück, im richtigen Moment Kritik zu üben. Sie erlebt die Art, wie Oehen und die anderen Männer dieser fremdenfeindlichen Bewegung über die Ausländer, die auf Baustellen, auf Strassen, in Tunnels unter menschenunwürdigen Bedingungen arbeiten mussten, herziehen, als demütigend. Konsequent bis heute kritisiert Louise jegliche auch noch so versteckte Fremdenfeindlichkeit aufs schärfste.

Die Recherchen über diese dunkle, vom Diskurs der «Überfremdung» geprägte Zeit zeigen deutlich: Eigentlich brauchte die Schweizer Wirtschaft
diese Menschen dringend. Ihre Arbeitskraft war so günstig und deshalb
Gold wert. Dennoch oder gerade deshalb ist dieser Aspekt buchstäblich
verdrängt worden, indem diese Menschen als Hassobjekte, Eindringlin-
ge, Gefahr für die Bevölkerung gebrandmarkt wurden. Es gelang den
Scharfmachern wie Schwarzenbach und Oehen, die «Fremdarbeiter»
als Gefahr der nationalen Identität darzustellen. Sie hatten ein leichtes
Spiel, so die Ausbeutung dieser Menschen auszublenden. Es gelang damit, das nationale Selbstverständnis aus der Zeit der Geistigen Landes-
verteidigung zu retten, zumindest für eine gewisse Zeit. Die ohnehin
schwer anzugehenden eigenen (wirtschaftlichen) Probleme konnten
(vorübergehend) beiseitegeschoben werden. Es waren Gastarbeiter und
Saisonniers, die fortan die Unterschicht bildeten. «Statusunterschiede
verschwanden (…) seit den 1950er Jahren keineswegs generell, sondern
akzentuierten sich neu entlang der Linie Schweizer – Ausländer, insbesondere angesichts der Immigration aus Italien in den 1960er Jahren.
(…) Ausländerinnen und Ausländer (…) ‚unterschichteten' (…) den Ar-
beitsmarkt.»[14] . Die Rede über die nationale Einheit, den Zusammenhalt,
den es in der gesellschaftlichen Realität nicht gab, stand über allem. Es
gab kaum einen Anlass, die sicht- und spürbaren Spannungen und den
aufflammenden Fremdenhass proaktiv entschärfen zu müssen. Integrati-
onsbemühungen blieben die Ausnahme. Louise erinnert sich gut an diese
Zeit, sie denke oft darüber nach, sieht auch heute gewisse Tendenzen
der nationalistischen Abkoppelung vom sogenannten Fremden, um die
eigenen Pfründe zu bewahren. Fremdenfeindlichkeit ist aus ihrer Sicht
nicht vereinbar mit Menschlichkeit, Gerechtigkeit, Würde. Sie erzählt die
Geschichte eines Patienten, dem sie im Inselspital begegnet ist. Ja, das
könnte auch heute passieren, meint sie nachdenklich.

Ihre Zeit im Inselspital ist ihr in bester Erinnerung geblieben. Sie sei immer
respektiert und ihre Arbeit geschätzt worden. Zum Direktor habe sie sehr
guten Kontakt gepflegt. Sie liebte die Arbeit, mit der sie ja immer sehr nahe
an den Menschen, an den Schicksalen der Patienten und Patientinnen war.
Sie habe da viel über und von Menschen gelernt. Ihre Erfahrungen habe sie
einbringen können, um die Patient:innen so gut wie möglich zu beraten. Das
sei damals bitter nötig gewesen.

Episode III:
Duran auf dem Bauernhof

«Die Geschichte handelt von Duran (Namen geändert) aus der Türkei: Er war bei einem Bauern angestellt, ohne Bewilligung, wie die Bauern es damals eben machten. Er kam gern zu dieser Arbeit, irgendwo im Seeland. Er hatte dann einen schlimmen Unfall, seine Hand war verletzt, die Wunde entzündete sich, eine riesige Infektion! Der Bauer musste ihn – im Wissen, dass er ja ohne Bewilligung bei ihm arbeitet – wohl oder übel zum Arzt bringen, im letzten Moment. Duran durfte ja eigentlich nicht in der Schweiz sein. Und er leistete wirklich harte Feldarbeit – wie ungerecht! Zu uns ins Inselspital kam er ja schon fast als invalider, jedenfalls schwer kranker Mann, entsetzlich. Der Arzt behandelte ihn gut – im Wissen wie prekär Durans Lage war. Duran wurde wieder gesund. Ich war oft bei ihm im Spital, wollte wissen, was sich auf der rechtlichen Ebene tat. Als er wieder ganz gesund war, hätte er die Schweiz verlassen müssen. Der Bauer wurde natürlich bestraft und kassierte eine Busse. Duran wollte nicht gehen. Er sei eigentlich fast gesund, brauche aber noch ein Medikament, das in der Türkei allerdings kaum erhältlich war, er müsse darum hierbleiben können, schrieb der Arzt in seinem Bericht. Das hatten wir dem Arzt auch ein bisschen 'eingeflüstert'.

Duran war überglücklich, als er erfuhr, dass er hierbleiben dürfe. Mit dem wenigen Deutsch, das er konnte, erklärte er uns, dass er eigentlich definitiv hierbleiben und seine Frau und die Kinder nachkommen lassen wolle. Weil der damalige Polizeidirektor keine entsprechende Bewilligung erteilen wollte, ging ich mit ihm persönlich hin und verlangte an der Pforte, mit dem Polizeidirektor zu sprechen. Natürlich wollten sie uns zuerst nicht hineinlassen, ich konnte mich aber durchsetzen. Auf dem Weg zum Büro des Polizeidirektors erklärte ich Duran, dass er zeigen sollte, wie schlecht es ihm eben noch ging. Er hingegen spazierte erhobenen Hauptes ins Büro, stolz zu zeigen, wie gut es ihm ging, zum Polizeidirektor. Ich wusste nicht, ob ich lachen oder weinen sollte. Ich musste mit viel Geschick begründen, warum er die Bewilligung unbedingt erteilen müsste. Ich hatte auch noch eine Geschichte, die gegen den Polizeidirektor verwendet werden konnte. Das sagte ich ihm auch, und klar, das wiederum wollte er nicht. So erhielt Duran schliesslich die Aufenthaltsbewilligung. Wir erreichten, was wir wollten. Später begegnete ich ihm einmal in der Stadt, hinter ihm seine Frau mit den Kindern.

Ich muss gestehen, wenn ich etwas in die Hände nehme und es durchziehen will, kommt es gut. Ich stand da und schaute einfach zu. Für mich war das ein wunderbarer, grosser Moment, als ich ihn mit seinen Liebsten so sah.»
(Gespräch, 2023)

Zwischenhalt III: für die Gerechtigkeit

Ich bin oft alleine gewesen, habe mich verloren und einsam gefühlt. Ja, eigentlich bin ich ein einsamer Mensch. Nicht erst jetzt, wo ich alleine wohne und wirklich viel alleine zuhause bin. Aber im Wissen, dass es immer Momente gibt, in denen ich Gerechtigkeit erfahren darf, und solche hat es immer gegeben in meinem komplizierten Leben, fühle ich mich aufgehoben. Einsamkeit ist vielleicht auch besser zu ertragen, wenn man weiss, dass es Gerechtigkeit gibt, irgendwo, irgendwann. Dennoch bin ich überzeugt, dass sich die einzige tatsächliche Gerechtigkeit nur in der göttlichen Liebe zeigt. In diesem Sinne ist das Bekenntnis von Kurt Marti[15] wegweisend für mich. Mein inniger Glaube ist meine Quelle der Kraft. Meine Überzeugung ist in meinem Glauben verankert. Darum setzte ich mich wo und wie immer möglich für Gerechtigkeit ein.

TEIL IV

Neue Wirkungsorte

1979 zieht die Familie Schneider nach Köniz. Das bedeutet eine Neuorientierung, denn das Quartier ist bürgerlich, lauter Einfamilienhäuser. Louise lässt sich nicht beirren, sie steht klar und unbeirrt zu ihren Prinzipien, zu ihrem Verständnis von Frieden. Symbolisch hängt die Friedensfahne am Gartenzaun, immer! Sie kennt sich bald gut aus in der Gemeinde, vernetzt sich, auf neuen Pfaden, um ihr Engagement für Jugendliche, ihre Netzwerke in der Länggasse und Freundschaften aus der Länggasse weiterzutragen.

Sie wechselt zur SP Köniz, wie Tag und Nacht sei das gewesen. In Köniz dominierten die Männer. Sie sei deswegen halt immer ein bisschen quer gestanden. Bald wird sie ins Könizer Parlament gewählt. Da setzt sie sich ein für junge Menschen mit wenig Zugang zu einer guten Ausbildung und wenig materiellen Ressourcen. Auch sie sollen eine gute Fachausbildung machen können, ihre Förderung darf nicht vom Portemonnaie ihrer Eltern abhängig sein, ist Louise überzeugt. Menschlichkeit bedeutet, genau solchen Personen eine Chance zu geben! Sie setzt sich durch, einfach sei es nicht gewesen, erinnert sich Louise. Die Partei enttäuscht sie zunehmend, wenig Unterstützung habe sie erhalten, zum Beispiel in ihrer Position gegenüber der Reitschule und der Jugendbewegung. Sie tritt alsbald aus, obschon sie in die Exekutive hätte gewählt werden können, meint sie heute lachend.

Ihr Engagement für die Jugendlichen der 80-er Jugendbewegung in Bern sieht Louise als einen möglichen Beitrag für mehr Gerechtigkeit. Sie setzt alle friedlichen Mittel ein, um für die Rechte der Jugendlichen einzustehen. Die vielen jungen Leute auf der Strasse sind ihr ein grosses Anliegen. Sie will nicht wegschauen, und das schien die Partei nicht goutiert zu haben.

Louise: *«Sie trafen sich jeden Donnerstag ab 18:00 Uhr, ohne Bewilligung, und allgegenwärtig die Polizei. Ich war ganz allein mitten in der Kampfsituation. Ausser meiner Mitgliedschaft in der SP hatte* *ich keine Zugehörigkeit. Ich habe viele sehr junge Leute mit meiner Gegenwart vor Polizeihänden bewahren können. Allerdings war es diese Zeit, die mich nun auf das Äusserste wirklich politisierte. Die SP goutierte dieses Engagement gar nicht! Ich trat dann aus der SP aus, obschon ich ja vielleicht in den Gemeinderat gewählt worden wäre. Ich habe es noch nie bereut…. In diesen Jahren habe ich viele Kämpfe ausgefochten. Die Ereignisse gäben ein Buch!»* (Gespräch, 2022)

War die SP ihr vielleicht zu bürgerlich geworden? Jedenfalls merkt sie, wie sie mit ihren Positionen immer mehr aneckt. Ihre Radikalität in Friedensfragen passt nicht allen. Sie bleibt standhaft, denn für sie ist klar, dass Frieden eine immerwährende gesellschaftliche Aufgabe ist, die hin und wieder auch zu unbequemen Situationen führt. Louise sucht nach einer neuen geistigen «Heimat», wo sie sich einbringen und etwas lernen möchte, und sie findet diesen Ort, wo sie sich voll und ganz verstanden fühlt, nämlich bei den religiösen Sozialistinnen und Sozialisten.

Louise: *«Clara und Leonhard Ragaz haben diese Bewegung gegründet. Leonhard war sehr wichtig für mich. Seine Herkunft, er ist ja Theologe, aber ja, sie haben nie 'gfrömmelet', er und seine Frau Clara. Ich schätze ihre klare Haltung. Nach ihnen sollte Geld nur noch Gemeingut sein, Besitz sollte es keinen mehr geben. Sie sind in das Arbeiterquartier Ausser-Sihl in Zürich gezogen, weil sie wussten, wer dort wohnte und wie es um die Lebensbedingungen der Menschen stand. Für die damalige Zeit war das ein enormer Aufbruch. Leonhard Ragaz war Pfarrer und Theologieprofessor. Er gab seine gute Stelle auf und engagierte sich fortan im Quartier für die Ausgeschlossenen, für Gerechtigkeit und Frieden, wie auch seine Frau Clara. Übrigens haben auch Clara und Leonhard Ragaz als langjährige Mitglieder der SP beschlossen, aus der Partei auszutreten, weil die Partei sich während des Zweiten Weltkriegs hinter die Aufrüstungspolitik der Schweiz stellte.»*[16] (Gespräch, 2023)

Für Louise stellt sich die Frage nicht, ob die SP sich wandeln sollte. Sie entscheidet sich vielmehr für den Austritt. Denn in ihrer Vorstellung von Gerechtigkeit und Frieden haben Waffen keinen Platz, im Gegenteil, sie unterwandern jede friedenspolitische Bemühung. Heute ist sie überzeugt: Die Parteizugehörigkeit zur SP hätte nicht viel gebracht, weder im

Zusammenhang mit der Überfremdungs- und Ausländerpolitik noch für ihre Arbeit als Sozialarbeiterin im Inselspital.

Es ist nicht die politische Partei, es sind ihr Sinn für Gerechtigkeit und ihr Glaube, aus denen sie Kraft schöpft. Geschichten, die gut enden und Erfahrungen geben ihr Mut, Kraft, Energie und Zuversicht, um sich für Frieden einzusetzen. Ihre Überzeugung, dass Frieden möglich ist, führt sie nebst der Arbeit im Inselspital, weiter in ihrer beruflichen Laufbahn, in andere Kreise, wo ihre Unterstützung willkommen ist.

Erfahrungsbereicherung als Katechetin

Die Arbeit im Inselspital ist streng. Sie begegnet tagtäglich vielen Menschen, die Ungerechtigkeit erfahren haben. Sie sucht ein neues Arbeitsfeld, das sie von der anstrengenden Tätigkeit an der Insel entlastet, ohne die Stelle am Inselspital aufzugeben.

Louise: «*Ich wäre gerne Lehrerin geworden an einer höheren Schule. Ich sah keinen Ausweg. Doch dann wurde zum ersten Mal die Ausbildung für Laien-Katecheten von der Kirche zugelassen und ausgeschrieben. Ich meldete mich auf der Direktion der Insel und fragte, ob ich mein Pensum hier reduzieren könnte, um diese Ausbildung nebenbei zu machen. Ich suchte Abwechslung, manchmal hatte ich den Kopf so voll von diesen Menschen, die mit Krankheiten, Leiden, Unfällen in die Insel kamen. Vielen Menschen voller Probleme bin ich da begegnet. Der Direktor sagte dann zu mir: 'Frau Schneider, Sie dürfen alles was sie wollen, nur nicht kündigen. Das nicht. Sie können es sich leisten, ein wenig andere Luft zu schnappen, tun Sie das!' So bildete ich mich schliesslich zur Katechetin aus. Für mich war das ein Schritt in eine andere Atmosphäre. Natürlich war ich so einer Kirchgemeinde angeschlossen, wurde da eingesegnet und 'abgeschickt' oder wie man das nennt. Aber all das hat mich weiter nicht gekümmert.*»

Als Katechetin gibt Louise Religionsunterricht für Mädchen im Schulalter, die in einem geschlossenen Heim in Kehrsatz[17] verwahrt waren. Das gibt ihr aus nächster Nähe Einblick in das Elend, das diese Mädchen durchgemacht hatten. Als erstes hätten sie Louise jeweils erklärt, dass sie heute gar nichts vom lieben Gott hören wollten. Ja, dann lassen wir ihn halt dort sein, wo er ist, hätte sie dann gesagt. Der liebe Gott brauche das nicht, dass man von ihm spricht. Sie stellten ihre Füsse auf den Tisch, zündeten sich eine Zigarette an und warteten auf die Reaktion von Louise, dass sie ihnen befiehlt, die Füsse runterzunehmen. Louise Schneider ist jedoch nicht so doof. Im Gegenteil, sie habe Möglichkeiten gefunden, wie sie Dinge einflechten konnte, die ihnen für die kommenden Zeiten vielleicht Kraft und Mut geben könnten, ohne dass sie etwas merkten. Unmöglich sei es gewesen, in diesem Umfeld anhand von Geschichten über Gott und Religion oder mit Bibellektionen auf diese 14- und 15-jährigen Mädchen einzuwirken. Also brauchte es andere Methoden, erklärt Louise.

Louise: «*Ich diskutierte regelmässig mit den Mädchen, nahm sie so wie sie waren, und das war sehr, sehr schwierig. Da war zum Beispiel Simone (Namen geändert), ihr ist im Leben bisher nur Unrecht geschehen, nur Unrecht! Nie konnte sie Gerechtigkeit erleben. Das zeigt die Summe der Ungerechtigkeiten, gerichtlicher Entscheide, Bevormundung, Versenkung durch behördliche Verfügung. Sie passte nirgendwo rein. Nach ihrem Schulabschluss war schon das nächste Heim als 'Korrektur' geplant. Das brauchte sie wahrlich nicht, vielmehr brauchte sie einen Ort der Liebe. Was hätte ihr und all den anderen Geschichten vom lieben Gott geholfen? All diese Ungerechtigkeiten im Leben dieser jungen Mädchen! Aber eben, es waren für mich sehr wichtige Begegnungen. 'Wenn wir uns erzählen, was uns schmerzt und was nicht, welche Sorgen wir haben, dann tauschen wir uns untereinander aus', sagte ich ihnen. Und eben, da ist Gott auf jeden Fall dabei, das können wir nicht auswählen. Sie waren nicht dumm, sie waren einfach gepiesakte Mädchen. Mit der Zeit hörten sie zu, die Anwesenheit von Gott störte sie wohl nicht.*» (Gespräch, 2021)

Louises Verständnis von Gerechtigkeit setzt sie konsequent um, auch gegenüber diesen Mädchen. Diese hätten ihre Hilfe gesucht. Sie bot sich an, gerade für die Zeit nach der Entlassung aus dem Heim. Es habe sie jeweils sehr erschöpft, ausgehöhlt hätte sie sich jeweils gefühlt, nie sei es einfach gewesen.

Zwischenhalt IV: Begegnungen

Ihr Leben sei ein Geflecht von vielfältigen Beziehungen zu den unterschiedlichsten Menschen. Trotzdem fühlt sie sich manchmal sehr einsam. Zugehörigkeit erfährt sie in der Friedenskirche, die ebenso wie die Heiliggeistkirche Momente der Begegnungen ermöglicht. «Da finde ich einen Zugang zu einer Gemeinschaft. Das ist so wie ein Fluchtweg und einen solchen brauche ich, wenn ich am Verzweifeln bin.» Begegnungen kommen wie der Schnee, Schnee, der kaum mehr erwartet wird, kann mitunter Begegnung bedeuten, unerwartet, aber willkommen. Das gibt Kraft, denn Zweifel kommen immer, immer wieder gibt es Momente des Zweifels, dann braucht der Mensch viel Kraft. Wege zu Kraftorten sind vielfältig, sie hängen von den Beziehungen, der Lebensgeschichte, den Lebensbedingungen ab. So gibt es auch unterschiedliche Wege zu Orten der Begegnung als eine wichtige Quelle der Kraft. Die Heiliggeistkirche gehört für Louise dazu: Vom Eingang, wo die Kaffeenische ist, weiter nach hinten, ein Ort der Stille, wo Kerzen brennen. Ein Buch liegt da und lädt zum Schreiben ein. Louise schreibt ihren Dank dafür, dass sie hier aufgenommen wird, in das Buch. Sie zündet eine Kerze an und bittet um Erbarmen. Diese Stille zum Nachdenken braucht sie, und heute, wo Louise an Mobilität eingebüsst hat, fehlt ihr dieser Ort, wo sie immer vielen Menschen begegnen konnte, sehr.

TEIL V

Wegweisende Erfahrungen

Louise liest viel, trifft sich mit Leuten, denen sie sich einstellungsmässig nahe fühlt. Sie vertieft sich in Themen, wo sie Quellen von Ungerechtigkeit und Diskriminierung vermutet, um das, was sie im Alltag erlebt, besser verstehen zu können. Wachsam beobachtet sie die Geschehnisse im Quartier, in der Schweiz, auf der Welt. Reich an Erfahrungen und Wissen analysiert sie die erlebten Ungerechtigkeiten, die Folgen von Gewalt und stellt sie in grössere Zusammenhänge.

Louise scheut vor nichts zurück, wenn es um die Bekämpfung der kapitalistischen und militaristischen Entwicklungen der letzten Jahrzehnte geht. Selbstverständlich gehört der Gang nach Davos dazu, um gegen das Wirtschaftsforum WEF zu demonstrieren. Mit ein paar befreundeten Menschen zieht sie los, trotz Abraten der SP Köniz. Zwischen Landquart und Davos, an den Ort könne sie sich nicht erinnern, seien sie von der Polizei aufgehalten worden. Sie habe dann freundlich, aber bestimmt gesagt, sie gehe jetzt nach Davos. Schliesslich hätte man ihr kleines Grüppchen älterer Menschen durchgelassen. Mit lautem Applaus seien sie willkommen geheissen worden. Louise ist da, hätten die Leute der GSoA und anderen friedenspolitischen Organisationen gerufen. Ja, sie hätten es geschafft, der Kälte zum Trotz. Das Stimmungsbild, das sie heute von diesem Abenteuer malt, zeugt von Freude und Stolz.

Louise setzt auf ihre Erfahrungen mit Jugendlichen, mit Menschen in Alltagsschwierigkeiten, mit Frauen, die viel Schmerz erfahren haben. Geschickt ordnet sie die einzelnen Geschichten in das grössere politische Geschehen ein. Die grösseren Zusammenhänge, um Widersprüche und Ungerechtigkeiten zu verstehen, hat sie immer klar vor Augen. Sie findet die richtigen Orte für politisch-soziales oder sozialpolitisches Handeln. Schliesslich sei es doch der Glaube der ihr die nötige Kraft und Energie verleiht. Doch was heisst das im Alltag, in ihrem praktischen Handeln? Wo findet sie ihresgleichen? Wo kann sie sich austauschen?

Ihre Beziehung zur Kirche ist und bleibt getrübt, sie hat viele Fragen, will sie aber nicht pauschal ablehnen. Sie sucht vielmehr nach Bedeutungen, nach Quellen der Kraft, nach friedenspolitisch relevanten Aspekten, die sie im kirchlichen Kontext zu erkennen hofft. Sie sucht nach einem neuen Zugang zur Kirche und zur Religion, während sie in ihrer Überzeugung standhaft bleibt: Frieden wird nur möglich, wenn die Leute an Gerechtigkeit und Menschlichkeit glauben.

Begegnungen in der Kirche

Lichtblicke erlebt Louise bei wertvollen Begegnungen in der Heiliggeistkirche in Bern. Aber die politische Unentschlossenheit der Institution Kirche bei zentralen politischen Fragen ärgert sie. Die Kirche müsste sich doch viel mutiger gegen die zunehmende Militarisierung und für die Menschenrechte einsetzen. Nur so könne sie ihrem Anspruch auf Gerechtigkeit genügen. Die Kirche vergesse jedoch immer wieder ihren eigentlichen Auftrag und verliere sich in der neoliberalen Management-Logik, was Louise gar nicht behagt

---

Louise: «*Ich lese doch tatsächlich in der Zeitschrift «Reformiert», dass die Kirche eine Lobby braucht. Was, eine Lobby? Die Kirche braucht doch keine Lobby! Ihre Lobby ist doch die Bergpredigt[18]. In der Kirche brauchen wir nicht Leute, die die anderen dazu bringen, so zu denken wie sie. Es braucht Menschen mit Überzeugung. Sonst sollen sie nichts mehr mit der Kirche zu tun haben, wenn ihnen die Kirche nicht so viel wert ist, dass man sich mutig hinstellt und sich für die armen, die schwachen, die kranken Menschen einsetzt, gegen das Geld und die Mächtigen, die es verwalten. Da brauchen wir keine Lobby. Niemanden, der von aussen kommt, sondern überzeugte Menschen.*» (Gespräch, 2022)

Solche Erkenntnisse, Einblicke in die kirchlichen Dynamiken kosten Louise zwar Energie, sie gibt aber nicht auf. Unbeirrt sucht sie nach Wegen zum Frieden, die nicht unbedingt einen kirchlichen Bezug haben müssen, im Gegenteil. Sie wählt langsame Schritte, überhastetes Suchen ist ihr zuwider, und sie freut sich über die vielen interessanten Begegnungen, die ihr neue Fenster zur Kirche öffnen und sie im sozialverantwortlichen Handeln ermutigen.

Louise: «Ich habe mich mit der Kirche versöhnt. Und damit wäre ich nun beim Punkt, wie ich zu den religiösen Sozialisten gekommen bin und warum die für mich so wichtig sind. Das waren Leute, die der Kirche treu bleiben und gleichzeitig wagen, etwas zu verändern. Gottlob gibt es noch einige wenige Verantwortliche in der Kirche, im Umfeld der Kirche, die das jetzt durchziehen, bis heute. Ich bin zwar keiner Kirchgemeinde angeschlossen, aber nie aus der Kirche ausgetreten. Ich gehe in die Heiliggeistkirche, weil sie offen ist und weil der Pfarrer alles daransetzt, diese Kirche für alle zu öffnen. Auch seine Tür zu Hause ist offen, wie auch bei mir, meine Türe ist immer offen.» (Gespräch, 2022)

Überzeugt, dass Frieden möglich ist, kämpft sie unentwegt mit viel Ausdauer, Konzentration und Kraft für Gerechtigkeit, die Grundvoraussetzung für Frieden. Gerade die Schriften des Religiösen Sozialismus bedeuten ihr viel, hier schöpft sie Energie, bis heute.

Geistige Heimat – neue Freundschaften

Bereits in den 60er Jahren stiessen sie und ihr Mann auf die Lesegruppe der Religiösen Sozialist:innen[19] . Hier wurden eben solche Fragen nach der Rolle und der Bedeutung der Kirche diskutiert, und zwar aus einem sozialistischen Blickwinkel. Das interessierte Louise schon damals besonders. Denn für sie steht eigentlich fest, dass die Kirche Trägerin der wesentlichen Sache sein müsste, auch in Bezug auf das Militär, die Rüstung. Der Kirche fehle eine klare Haltung diesbezüglich. Eigentlich unverständlich, denn die Kirche verspreche doch Frieden, hierzu habe sie aber keine eindeutige Meinung.

«Louise Schneider verkörpert jene Verbindung von Sozialismus und Religiosität, die im letzten Jahrhundert innerhalb der Linken eine wichtige Rolle spielte. Die wichtigsten Beispiele sind die

Bewegung gegen die antisemitische Boot-ist-voll-Politik, die Kampagne gegen die atomare Aufrüstung, die Volksinitiative für eine Schweiz ohne Armee. In der Tradition des religiösen Sozialismus war und ist Louise auch in der GSoA das humanistisch-pazifistische Gewissen. Beharrlich verwies sie auf die Grundsätze einer umfassenden Friedenspolitik. Unermüdlich praktizierte sie den direkten Kontakt mit den Menschen: Prinzipientreue und Basisarbeit, das hat sie gepredigt und vorgemacht, solange es ihr möglich war.» (langjähriger Weggefährte, 2024)

Religion ist ihr wichtig. Sie liebte schon als Kind biblische Geschichten, bezieht sich in ihren Berichten auf biblische Parabeln. Ihre Grundhaltung – und das sei für sie entscheidend gewesen – deckt sich mit der Philosophie des religiösen Sozialismus. Hier erkennt Louise viele Elemente ihres Kosmos. Sie findet sich wieder im Verständnis von Gerechtigkeit als Gegenpol zu Ungerechtigkeit. Ihr müsse schon früh klar gewesen sein, dass es in vielen biblischen Geschichten um eben solche Fragen ginge, meint Matthias Hui, ein langjähriger Bekannter von Louise und Mitglied der Redaktionsgruppe von «Neue Wege», der Zeitschrift der Religiösen Sozialist:innen. In deren Kreis findet sie schliesslich eine geistige Heimat. Dank ihren Erfahrungen erkenne sie aber auch all die darin verborgenen Widersprüche, die sie gerne für sich reflektiere und mit anderen Friedensbewegten diskutiere, so Matthias Hui weiter. So sei der Lesezirkel von «Neue Wege» für sie ein zentraler Ort geworden.

Louise: *«Für mich war die Begegnung mit den religiösen Sozialist:innen in Zürich von enormer Bedeutung, ein Eclat, denn sie waren alle eindeutige Kriegsgegner, Friedensleute. Und ja, diese Begegnung war wirklich ein Erlebnis anderer Art in meinem Leben. Endlich ein Ort, um Fuss zu fassen. Inzwischen hatte ich manchmal auch etwas genug von den sozialen Tätigkeiten in meinem Beruf. Ich war dafür oft Tag und Nacht unterwegs, damit ich das erreichen konnte, was ich wollte. Ich hatte genug. Und für meine Familie wurde es auch allmählich zur Belastung.»* (Gespräch, 2022)

Um Louise zu verstehen, lohnt es sich, die Essenz und Geschichte des Religiösen Sozialismus[20], die eigentliche geistige Heimat von Louise, zu verstehen. «Dort ist sie mit Leib und Seele verwurzelt», sagt Matthias Hui. Die Bewegung ist in der zweiten Hälfte des 19. Jhs. in Deutschland entstanden. Ihren Gründer, Christoph Blumhardt,[21] lernt Louise schon nach der Lehre kennen und zwar aufgrund dessen Engagement für Menschen mit Behinderung während des Nationalsozialismus. Er habe von den Razzien gewusst und 'seine' Bewohner:innen im Wald versteckt. Es habe ihr Eindruck gemacht, wie er eine Art Dorf gegründet habe, wo diese Menschen in verschiedenen Häusern wohnen und leben konnten. Seinen Schriften sei sie beim Blauen Kreuz begegnet, auch er sei nämlich Mitglied gewesen. Später bezieht sie sich auf ihn u.a. im Zusammenhang mit dessen Verständnis vom Reich Gottes und der Arbeit am Sozialismus, was sie in den Schriften der Religiösen Sozialist:innen in der Schweiz später wiedererkennen wird. Für Louise sei diese Verknüpfung von Sozialismus und dem Reich Gottes zentral. Eines sei hier schon mal erwähnt, so Matthias Hui, nämlich, dass für Louise der politische Widerstand und die politische Auseinandersetzung mit Frieden und Gerechtigkeit immer in diesem Blickfeld zu sehen sei. Hier finde sie die feinen Wurzeln der Menschenrechte.

Episode IV:
Menschenrechte in der Kirche

«Die christkatholische Kirche Bern hat mich eingeladen, am Menschenrechtstag eine kurze Ansprache zu halten. Ich sagte zu, das war für mich klar. Es war mir etwas mulmig zumute, in dieser Kirche an der Feier zum Menschenrechtstag zu sprechen. Ich holte also Rat beim Pfarrer der Friedenskirche, einer meiner wenigen Vertrauensmenschen bei der Kirche. Trotz der vielen Arbeit und Hektik in der Adventszeit, war er bereit dazu. Das tat gut, er half mir wirklich.

Es war in der Zeit, als die Konzernverantwortungsinitiative[22] heftig diskutiert wurde. Ich stellte die Menschenrechte ins Zentrum, die Initiative erwähnte ich nur am Rande. Ich sagte klar, dass solange es Bundesräte und Bundesrätinnen gebe, die den grössten und schrecklichsten Herrschern dieser Welt die Hände schütteln, werde es kaum besser. Menschenverächter seien diese, die nicht davor zurückschreckten zu töten, töten zu lassen, um ihre Macht zu sichern. Menschenrechte sind für sie ein Nebenschauplatz, Sand im Getriebe, wenn sie die Charta überhaupt kennen. Solange die Schweiz all diesen Herrschern noch Waffen liefert, steht das im Widerspruch zu den Menschenrechten. Und dann rühmen wir uns noch, wir seien ein Land, das die Menschenrechte respektiert?

Ich hatte Angst, dass meine Ansprache in der Kirche Aufsehen erregen würde, weil ich auf das menschenverachtende Gehabe vieler Herrscher hinwies. Gleichzeitig denke ich, dass viele Menschen in der Schweiz für die Menschenrechte einstehen. Die meisten trauen sich einfach nicht, die Kirche öffentlich zu kritisieren, lieber kriechen sie. Diese Mutlosigkeit halte ich oft fast nicht mehr aus. Dann fühle ich mich sehr alleine. Viele Kirchenleute haben sich davor gedrückt, im Namen des Friedens und der Menschenrechte stark und dezidiert für die Konzernverantwortungsinitiative einzustehen. Ihr Einsatz für Menschenrechte ist nur halbherzig, aber es braucht doch ein starkes Plädoyer für die Menschenrechte. Jedes andere Verhalten ist nicht christlich!

Ich erwähnte die Konzernverantwortungsinitiative dann doch, denn im Kirchenblatt stand, man erhoffe sich damit ein etwas besseres Menschenrecht. Kommst du nach? Entweder ist Menschenrecht auch wirklich Menschenrecht, es ist unanfechtbar, nicht antastbar, unteilbar. Entweder ist es ein Menschenrecht oder dann eben nicht. Es gibt kein besseres oder schlechteres, kein halbes. Viele Leute haben die Initiative in so kurzer Zeit unterschrieben, und jetzt beginnt man schon wieder, alles zu verwässern. Immer diese Kompromisse. Klar, die Folgen würden dann etwas kosten, das ist einfach zum… immer dieses Argument, das wäre eine Einschränkung unserer Freiheit! Freiheit, Standortvorteil, im Grunde hat sich in diesen vielen Jahren nichts geändert. Doch es gibt auch einzelne Aufbrüche, und das tröstet mich und gibt mir Hoffnung.» (Gespräch, 2023)

Religiöser Sozialismus – die politische Heimat

Ihre Haltung gegenüber internationaler Politik, gegenüber der mächtigen Wirtschaftslobby ist konsequent kritisch. Die abfälligen Reaktionen nimmt sie stoisch entgegen. Sie nutzt den öffentlichen Raum, wenn sie für Reden eingeladen wird, um ihre Positionen klar zu kommunizieren, sei das im Rahmen des Ostermarsches (siehe weiter unten) oder auch in einer Rede, die sie am Nationalfeiertag in Köniz hielt.

***Louise:** «Da ist das schwere Wort Heimat (den Begriff verwendet Louise öfters jeweils im Zusammenhang mit dem 1. August). Ihr werdet sagen, jetzt kommt die alte Platte, die wir alle längst kennen. Ich bilde mir auch nicht ein, etwas Neues zu sagen. Beim Nachdenken habe ich allerdings realisiert, wie gut es tut, immer wieder Rechenschaft abzulegen, was denn Heimat bedeutet. Jeden Abend hört und seht ihr im Radio und Fernsehen, wie viele Menschen auf der Welt als Flüchtlinge unterwegs sind. Diese Menschen sind im wahrsten Sinne des Wortes ohne Heimat und suchen auf der weiten Welt eine neue. Ja, kann man denn überhaupt eine neue Heimat suchen? Suchen wohl schon, aber finden? Genau an diesem Gedanken bin ich kleben geblieben. Ich sagte mir, dass sich ja auch die Schweiz grosszügig bereit erklärt hat, im Rahmen des Möglichen eine Gruppe dieser heimatlosen Menschen aufzunehmen. Sicher haben alle von uns einen Beitrag geleistet, damit die Voraussetzungen für die Aufnahme dieser Vertriebenen geschaffen werden können. Das ist jeweils der erste Teil solcher Aktionen. Der zweite Teil ist, wenn die zugewanderten Menschen einmal hier sind, unter uns leben. Wenn sie sich hier wohlzufühlen beginnen, nach einem neuen Zuhause suchen. Dazu gehört viel menschliche Zuneigungen und materielle Sicherheit. Das kann mitunter auch die Vermischung von Kulturen bedeuten. Ihre, unsere Weltanschauungen und Mentalitäten wandeln sich. Arbeitsplätze und Infrastruktur werden beansprucht. Es bedeutet auch die Aufnahme in die AHV und IV, um längerfristig eine soziale Sicherheit zu haben. Wenn ich denke, wie schlecht es uns gelungen ist, den Fremdarbeitern nur annähernd das Gefühl von Heimat zu vermitteln, dann bin ich sehr traurig. Mein Heimatgefühl fängt nicht dort an und hört dort auf, wo die Grenzen* *auf der Landkarte eingetragen sind. Und übrigens, wir brauchen nicht einmal von Zugezogenen oder Flüchtlingen zu reden, die Mühe haben sich hier zuhause zu fühlen.*

Beim weiteren Nachdenken über den Begriff von Heimat kommt mir das alte Lied Teure Heimat meiner Lieben in den Sinn. Sicher hatte der Dichter dazumal nicht das gleiche gemeint mit 'teuer' wie ich jetzt meine. Im wahrsten Sinne des Wortes haben wir mittlerweile eine sehr teure Heimat. Alle hier Anwesenden sollen schnell im Kopf überschlagen, wie viel der Quadratmeter Heimatboden zum Beispiel im Spiegel in Köniz kostet! Ich weiss, dass der 1. August kein politischer Anlass ist. Er gehört allen, und darum verlasse ich jetzt den Gedankengang an die teure Heimat und so weiter ganz schnell wieder. Trotzdem, was teuer ist, ist sicher auch schön und gut. Ich kann mich der Bewunderung von unserer Heimat von ganzem Herzen anschliessen. Darum müssen wir alles tun, damit diese Schönheit bestehen bleibt. Und das kostet halt gelegentlich auch etwas. Wie wär's also, wenn wir bei der nächsten Steuerrate denken das ist für die Heimat, anstatt das zahle ich dem Staat? Vielleicht verlöre der gelegentlich recht heftig kritisierte Staat etwas von seiner Anonymität, und die Angst vor zu viel Staat würde entschärft. Zuviel Heimat bekommt sicher niemand.» (Auszüge aus einer 1.-August-Rede, undatiert)

Während der 1980er Unruhen bricht Louise endgültig mit der SP. Heute sieht sie die Partei ohnehin als zu nahe bei der politischen Mitte. Sie fühlt sich geborgen im religiösen Sozialismus, wo es darum geht, die sozialen Probleme auf religiösem Boden zu diskutieren, sie mit dem christlichen Menschenbild, dem Glauben in Verbindung zu bringen.[23] Louise erkennt in dieser Philosophie auch ihre friedenspolitischen Ansichten, ihre Überzeugungen wieder. Das Organ der Religiösen Sozialistinnen und Sozialisten «Neue Wege»[24] passt Louise, sie fühlt sich geistig abgeholt. Durch «Neue Wege» lernt sie Menschen kennen, deren Ideen und Anschauungen ihr voll entsprechen. Hier habe sie ihre neue Heimat gefunden. Sie liest die Zeitschrift gerne, tut es sorgfältig, bis heute. Die Stossrichtung der Texte hilft denn auch, die Haltung von Louise zu verstehen. Hier ein Zitat aus der ersten Ausgabe, welches deutlich macht, dass es für die Autor:innen wichtig war, dass Menschen, die am Grundgedanken des Christentums zweifelten, wieder einen Sinn entdecken, der ihnen hilft, ihre Schwierige Situation anzupacken:

(«Neue Wege», Seite 1, 1907)

Louise ist viele Jahre aktiv im Lesekreis der religiösen Sozialist:innen. Hier finden sie und ihr Mann Menschen, mit denen sie sich über von allen gelesene Texte zu friedenspolitischen Fragen austauschen können. Heute sagt sie, das sei ein wunderbarer Ort, eine wichtige Energie- und Inspirationsquelle gewesen, wo immer, auf Ausflügen, in Seminaren oder Tagungen.

Einmal im Jahr organisierten die religiösen Sozialist:innen eine Begegnungswoche in den Bergen, wo sie Referate hörten, Inhalte vertiefen und vielleicht Aktionen planen konnten. Die persönlichen Begegnungen hätten sie besonders geschätzt. Ab und zu seien sie und ihr Mann am Sonntagnachmittag mit dem Zug zu Hans und Hanni Schilt in Langnau gefahren. Für Louise ist klar, dass diese Menschen von den religiösen Werten geleitet wurden. Ihr Vertrauen in die Menschlichkeit, an das Gute gebe die Kraft sowohl für Aktionen als auch für Analysen. Das gelte vor allem auch für Menschen wie Hanni Schilt (1917-2011). Sie war eine Arbeiterfrau, religiöse Sozialistin, die Seite an Seite mit ihrem Mann Hans unermüdlich für den Frieden kämpfte. Louise pflegte mit ihr ein freundschaftliches Verhältnis. Ihr gefielen Hannis Lebenserfahrung, ihre Einstellung zum Leben, in ihren Worten: «Wir sind aufgerufen, Kämpferinnen und nicht Zuschauerinnen der Geschichte zu sein. Setzen wir all unsere Kräfte dafür ein, dem geistigen und materiellen Leben zu dienen und nicht dem Tod.» (In: «Neue Wege» 7-8, 2011, Band 105.)

Neben Schilts spielt auch Hansheiri Zürrer aus Burgdorf eine wichtige Rolle in Louises politisch-sozialem Werdegang. Er war Pfarrer, den man wegen Militärdienstverweigerung mit einem Berufsverbot belegte. Er sei ein äusserst erfüllter, herzlicher, kluger und politisch sehr engagierter Mensch gewesen. Louise schätzt besonders an ihm, dass er sich nie zu schade gewesen sei, mit seinem enormen politischen und sozialen Bewusstsein in Fabriken, einer Giesserei oder auf dem Bau zu arbeiten. Solche Menschen würden mit ihrem Engagement für Gerechtigkeit der Gesellschaft Wert geben, auch wenn sie dafür Opfer bringen mussten. Für Louise ist das Studium weniger bedeutsam als der Mut, die Überzeugung von Hansheiri Zürrer. Diese herausragenden Persönlichkeiten der schweizerischen Friedensbewegung seien unermüdlich präsent gewesen, wenn es für den Frieden zu tun gab. Man traf sich an Demonstrationen, an politischen Anlässen, beim Sammeln von Unterschriften für Volksinitiativen. Sie hätten mitunter auch Risiken in Kauf genommen, Menschen eben, die sich für Frieden, für gegenseitiges Verständnis, Toleranz und Gerechtigkeit einsetzten. Leider seien viele dieser interessanten Menschen mittlerweile gestorben.

Bis heute liest sie die Texte in «Neue Wege», macht sich kritische Gedanken dazu und sucht Diskussionsmöglichkeiten, was nicht leicht ist, seit es keinen religiös-sozialistischen Lesezirkel mehr gibt. Diese Momente vermisse sie wirklich. Eigentlich wäre es gerade aktuell wichtiger geworden, die Friedensfrage umfassend zu diskutieren. Die Inhalte der neueren Ausgaben irritieren sie aber, insbesondere wenn es um Identitäts- und Geschlechterpolitik geht. Sie nimmt dies aber kaum einfach so hin und meldet sich bei der Redaktion, kritisiert einzelne Punkte, hinterfragt auch mal die Auswahl der Autor:innen. Diesen Anspruch erhebt sie, weil sie sich bis heute als Zugehörige versteht, und sie will gehört und verstanden werden, heisst es von Seiten der Redaktion. Matthias Hui meint, es sei faszinierend, wie Louise die «Neuen Wege» immer und genau liest. Sie tut sich heute schwer mit einzelnen Texten, dennoch will sie nicht aufgeben. Klar, sie sei seit Jahren mit der Zeitschrift verbunden und stelle entsprechend Ansprüche an sich als Leserin, aber auch an die Redaktion. Wenn sie sich nicht darin wiederfinde, wenn sie Texte als intellektuell zu abgehoben erachte, weg von dem, was die sogenannt einfachen Leute interessiere und betreffe, rege sich bei ihr Widerstand. Gerade die einfachen Leute, deren Lebensweise sie aus eigenen Erfahrungen gut kenne, sollen sich angesprochen fühlen. Sie verstehe sich als Teil des Projekts «Neue Wege», eine Zeitschrift als Quelle der Inspiration, als Ort der Meinungsentfaltung und der Auseinandersetzung mit aktuellen gesellschaftspolitischen Themen, die aus unterschiedlichen Perspektiven und von verschiedenen Leuten beleuchtet werden. Spuren des religiösen Sozialismus würden sich immer finden. Dass «Neue Wege» die Tradition der religiösen Sozialist:innen weiterträgt, anerkennt Louise letztlich doch.

Politische Praxis der Menschlichkeit

Mit ihrem Verständnis von Menschlichkeit, Gerechtigkeit und Frieden, von Gott und all dem, was er sein könnte, reiht sich Louise in die Tradition der ersten religiösen Sozialist:innen wie Christoph Blumhardt, Clara und Leonard Ragaz ein. Ihr gefällt die Idee, dass die Menschen am Reich Gottes mitbauen, dass die menschliche Arbeit für den Sozialismus Teil davon ist, dass die Menschen mitverantwortlich sind für die gesellschaftlichen Verhältnisse.

Louise: «Leonard Ragaz hat auch als Theologe nie 'gfrömmelet', auch seine Frau nicht. Sie hatten eine klare Haltung: Geld sollte es nur noch gemeinsam geben, Besitz gar nicht mehr. Sie sind in ein Arbeiterquartier umgezogen, Aussersihl, bekannt als ein von Armut, Gewalt, Alkoholismus geprägter Ort. Es war bekannt, wer dort wohnte. Für diese Zeit war das ein enormer Aufbruch gewesen. Leonhardt Ragaz war immerhin Pfarrer und Theologieprofessor. Und es ging ihm immer letztlich um das Reich Gottes, um nichts Anderes. Dann gab er seinen Lehrstuhl auf, um in diesem Viertel der Proletarier:innen für Gerechtigkeit einzustehen, grossartig!» (Gespräch, 2023)

Vielleicht hat sie der Umzug des Ehepaares dazu ermutigt, auch im gut-bürgerlichen Spiegel in Köniz standhaft für Gerechtigkeit, Menschlich-keit, Frieden weiter zu kämpfen. Clara und Leonard Ragaz haben ein klares Ziel, nämlich, dass ihr Weg tief in das Volk, ins Proletariat hinein-führen soll. In Aussersihl richten sie ein Zentrum für religiös-sozial ausge-richtete (Arbeiter-) Bildung und Pazifismus ein. Bei Kriegsausbruch 1914 zeigt sich das Ehepaar Ragaz klar als Kriegsgegner:in. Auch im Zweiten Weltkrieg stehen beide zu ihrer konsequenten gewaltfreien Haltung, indem sie beispielsweise die Verdunkelung ihres Hauses verweigern. Diese Einstellung ist ganz im Sinne von Louise. Ebenso interessiert sie die Art und Weise, wie das Ehepaar Ragaz Verflechtungen von sozialen, wirtschaftlichen, politischen Faktoren im Zusammenhang mit Krieg und Frieden analysiert, wie Leonhard und Clara Ragaz die Zusammenhänge globaler wirtschaftlicher Abhängigkeiten, Ausbeutung und Ungerech-tigkeit erklären, und die Friedensarbeit mit Bezug auf diese Erkenntnis-se entwickeln. Auch Louise erklärt ihren Aktivismus mit den globalen Machtverhältnissen. Heute sei die Situation sicher anders, so Louise. Doch in den Grundzügen ist die Ungerechtigkeit geblieben.

Für Louise ist diese Verantwortung der Menschen für die gesellschaft-lichen Bedingungen, die Ungleichheiten und Ungerechtigkeiten zentral. Sie ist überzeugt, dass Frieden davon abhängt, wie Menschen sich für Gerechtigkeit einsetzen und findet entsprechende Beispiele in den Tex-ten von «Neue Wege». Unter den religiösen Sozialist:innen gab es un-terschiedliche Meinungen zur Kirche. Einige distanzierten sich von Leo-nard Ragaz, weil er sich durchaus kritisch zur Kirche äusserte und sogar den Lehrstuhl an der theologischen Fakultät aufgab, um sich voll und ganz dem Sozialismus zu widmen, den er breiter versteht als die Sozial-demokraten damals. «Sozialismus ist kein Parteistandpunkt, sondern eine Menschheitssache, die von Parteien gleichen Namens auch verraten werden kann. (…) Ich glaube überhaupt nicht mehr an die Sozialdemo-kratie, ich glaube an den Sozialismus.»[25] Die Sozialdemokratie vertrete nicht mehr die Interessen des Proletariats, um derentwillen er der Partei beigetreten sei. Das Ehepaar Ragaz tritt 1935 aus der SPS aus – wie Louise später auch, sie sagt heute, ihre Radikalität habe der Partei nicht zuge-sagt, sie habe sich unverstanden gefühlt.

Unstimmigkeiten unter den religiösen Sozialist:innen gab es während der beiden Weltkriege. Das erstaunt Louise nicht. Sie erlebe diesen Graben heute ähnlich. Dies zeige sich jeweils an der Position zu Waffengeschäften oder der Art und Weise, wie Frieden erreicht wird. Mit ihrer radikalen Haltung stosse sie oft an, nämlich, dass Waffen nie zu Frieden führen. Louise ist überzeugt von der Dringlichkeit und der Wirksamkeit des politischen Widerstandes und der Auseinandersetzung mit den gesellschaftlichen Widersprüchen und Gewaltformen. Sie lässt sich nicht beirren von den globalen Verhältnisse, der Macht der Rüstungs- und Finanzindustrie, die jede Friedensarbeit unterwandern. Sie verfolgt die politischen Diskussionen intensiv und ärgert sich regelmässig über die Spaltungen in der Friedensbewegung. Sie bleibt bei ihrem Standpunkt: jede Form von Handel und Gebrauch von Waffen ist letztendlich kriegstreibend und friedensverhindernd. Jeden Schritt zur Stärkung der Armee sieht sie als Verrat am Frieden, bis heute.

Louise bleibt mit ihrer Haltung nicht allein. Sie knüpft neue Beziehungen, macht Bekanntschaften, dies nicht zuletzt im Rahmen des Ostermarsches[26]. Diese Veranstaltung gehöre zu ihr, denn sie verbinde Frieden mit Glauben und Hoffnung. Klar, es gebe immer wieder auch Niederlagen, die müsse man eben ertragen, auch die Tatsache, oft in der Minderheit zu sein. Das dürfe nie ein Hinderungsgrund sein, sich für den Frieden, also gegen Krieg einzusetzen. Der Ostermarsch sei eine solcher Ort, wo sie Kraft schöpfe.

Der Ostermarsch zog in den 1960er bis in die 1980erJahre tausende Menschen an. In den 90erJahren ist er eingeschlafen. War man sich des Friedens allzu sicher? In Bern fand der erste Ostermarsch erst wieder 2003 statt. Auf der Webseite der Fachstelle OEME (Ökumene, Mission und Entwicklung der evangelisch-reformierten Kirche) Bern heisst es:

«Seit 2003 ist der Ostermarsch Bern fester Bestandteil in der Agenda der Friedensbewegten. Damit wird eine internationale Tradition von Osterkundgebungen für Frieden und Abrüstung fortgeführt. Die Zusammenarbeit von Kirchen und Friedensorganisationen hat sich bewährt und intensiviert. Die Koordination liegt bei der Fachstelle OeME und der GSoA Bern».

Episode V:
Ostermarsch-Rede 2016

«Ein gewagtes Thema beschäftigt uns dieses Jahr am Ostermarsch! Das Motto: Entrüstung für den Frieden, Geflüchtete willkommen heissen.

Die Vieldeutigkeit des Wortes Entrüstung verpflichtet uns geradezu, darüber nachzudenken, und uns zunächst die Frage zu stellen: sind wir entrüstet? Ist der Ostermarsch ein Zeichen unserer Entrüstung? Oder werden wir vielleicht doch nur als ein harmlos daherkommendes, von Aussenstehenden belächeltes Friedensschärchen wahrgenommen? Hand aufs Herz! Wer von uns hat sich nicht schon einmal die kritische Frage nach der Bedeutung und Wirkung des Ostermarsches gestellt? Natürlich freuen wir uns, wenn wir jährlich vertrauten Gesichtern begegnen. Es ist auch ermutigend, Menschen zu treffen, die gleichen Sinns und gleicher Überzeugung sind. Das ist gewiss ein schöner und auch wichtiger Teil des Anlasses. Aber das allein kann es nicht sein, es reicht nicht!

Es reicht auch nicht, seinen Kleiderschrank in Anbetracht des Flüchtlingselends auszuräumen. Entrümpelung ist nicht der Weg.

Das diesjährige wunderschöne Ostermarsch-Plakat mit der aufspringenden Blumenknospe in den Farben des Friedens ermutigt uns. Vielleicht haben wir einmal in der Sonntagschule die Geschichte der Sintflut gehört. Diese Geschichte hört auf mit dem Versöhnungszeichen des Regenbogens als Zeichen des Friedens für die ganze Welt. Also tragen wir die Farbe des Regenbogens. Wo ist er aber nun, dieser verheissene Frieden?

Weltweit wächst die Rüstungsindustrie. Noch nie war die Welt so durch und durch bewaffnet. Zerstörerische Kräfte bedrohen die Menschen und die Natur. Unglaubliche Mengen von Geld fliessen in den Handel und die Produktion von Rüstungsgütern. Leider – und das muss man laut sagen – ist auch die Schweiz massgeblich an diesen Geschäften beteiligt. Da sind Mächte am Werk, die uns glaubhaft machen wollen, Waffen seien allein dienlich zur Friedenssicherung. Mit dieser Lüge läuten keine Friedensglocken. Vielmehr verbreitet sich unsagbares Leid und das hässliche Wort Flüchtlingskrise dominiert die Medien und unseren Alltag.

Hier ist der Punkt, wo wir als Einzelne und in Gruppen unsere Entrüstung im wahrhaftigsten Sinn einsetzen können. Die Möglichkeiten dazu sind vielfältig. Dass Friedensmärsche vielerorts am Ostermontag stattfinden hat seinen Sinn in der überlieferten Ostergeschichte. Sie erzählt von der Auferstehung. Es geht nicht um glauben oder nicht glauben! Auferstehung aus Gleichgültigkeit, der Trägheit und Mutlosigkeit des geistigen Todes ist hier von Nöten. In diesem Sinn wünsche ich uns allen eine wirksame Entrüstung und ein besinnliches und fröhliches Beisammensein.» (Gespräch, 2023)

Bis heute wird der Berner Ostermarsch von kirchlichen und pazifistischen Kreisen getragen, für Louise ein wichtiges Ereignis, denn hier treffen sich die GSoA und die religiösen Sozialist:innen. Hier fühlt sie sich gleich doppelt abgeholt und engagiert sich in vorderster Reihe dafür, wenn sie die körperliche Kraft aufbringt, ein ungebrochenes Engagement.

«Was ich noch erlebt habe, wo ich Louise kennengelernt habe, das war der erste Berner Ostermarsch in neuerer Zeit. Im Moment des zweiten Golfkriegs, 2003, begründeten wir den Ostermarsch in Bern neu. Da entschieden verschiedene in der Friedensarbeit aktive Leute und Organisationen, die Tradition der Ostermärsche wiederaufzunehmen. Wie Louise zählte auch ich zu ihnen, von der OeME-Stelle der reformierten Kirche Bern-Jura-Solothurn her dazu, Louise von der GSoA, zwei zentrale, sehr unterschiedliche Organisationen, die den Ostermarsch neu begründeten. Die katholische Kirche und viele weitere Friedensorganisationen waren ebenfalls dabei. Louise verpasst seither möglichst keinen Ostermarsch. Die ersten Male hat sie jeweils eine programmatisch-persönliche Rede gehalten. Heute kommt sie, so gut es geht, im Rollator auf den Münsterplatz an die Abschlusskundgebung des Ostermarsches.» (Matthias Hui, 2024)

Louise ist das Gesicht des Ostermarsches, er sei der rote Faden in ihrem Engagement für den Frieden, sagt sie heute. Sie stand jeweils in der vordersten Reihe, eine Peace-Fahne in die Höhe streckend. Ihre Reden sind kompromisslos, im Fokus ihrer Kritik die atomaren Aufrüstungspläne der Schweiz und der Handel mit Kriegsgütern. Das seien, so Louise, wichtige Momente, Ort der Friedenspolitik – wo sich Leute mischen, wo mit Fahnen und Worten für Frieden demonstriert wird.

Louise: *«Der Ostermarsch war und ist für mich eine wichtige Konstante im Jahr, und ich nehme immer teil, auf mich ist Verlass, solange ich mobil genug bin.» (Gespräch, 2023)*

Aus Anlass des Ostermarsches 2013 mit dem Motto «Stopp der wirtschaftlichen Gewalt» lädt Radio SRF Louise zum Tagesgespräch (28.03.2013)[27] ein. Sie erzählt von der Bedeutung des Ostermarsches, über ihr Friedensbekenntnis, ihre Herkunft, über Armut und Ungerechtigkeit.

Doch welche Bedeutung hat der Ostermarsch effektiv? Vielleicht ist es wichtig, dass man sich diese Frage wiederkehrend stellt. Warum braucht es einen Ostermarsch, hat er etwas mit dem Christentum zu tun? Anhaltspunkte finden sich, da ist Louise überzeugt, doch je nach der eigenen Haltung zum Christentum kann die Bedeutung variieren.

Sie kann aus dem Vollen schöpfen

Sie kann aus dem Vollen schöpfen, auch in ihrer Kritik am System des «ewigen Wachstums» der Wirtschaft. Für Louise ist unbestritten: Geld bedeutet nicht Sicherheit, erst recht nicht, wenn damit Rüstungsmaterial gekauft wird. Das wäre für Louise zu einfach. Es braucht das Vertrauen in das Gute in den Menschen, aber auch die Überzeugung, dass Menschenrechte unerlässlich sind, dass Gerechtigkeit eine Grundbedingung für Frieden ist. Das Evangelium macht diese Zusammenhänge deutlich und ist, so Louise, wichtig, um Frieden umfassend zu verstehen. Und so wird einmal mehr klar: Die Pazifistin und Christin Louise Schneider ist eine Symbolfigur der Friedensbewegung, die sich seit vielen Jahren dafür einsetzt, der Tradition der Ostermärsche Leben einzuhauchen. Der Ostermarsch ist für Louise wichtig, weil er eine wichtige Spur hin zum Frieden legt.

Friede heisst eine Welt ohne Krieg, ohne Waffen, ohne Atomkraft

Louise, *auf die Frage ob sie nicht zu alt sei um zu demonstrieren:*
«Nein, man muss nicht unbedingt mit den Füssen, man kann auch mit dem Kopf demonstrieren. Demonstrieren ist ein Bekenntnis. Ich zeige es mit dem, was ich glaube, und das ist die Kraft eines Senfkorns. Diese Kraft ist nie gross genug, um die Welt zu verändern. Einiges kann und soll man zusammen mit den anderen verändern, danach streben, aber nicht alles, es gibt Dinge, die ich sein lassen möchte. Die GSoA ist meine Heimat, sie ist nicht nur eine Abschaffungsinstitution, als was sie zu Beginn wahrgenommen wurde. Sie ist mittlerweile eine starke Friedensorganisation. Sie ist immer da präsent, wo es um Gewalt und Konflikt geht. Die Rolle unter den teilweise doch viel jüngeren Aktivist:innen ist nicht anders als meine, die ich doch viele Jahre mehr Lebenserfahrung habe. Der einzige Unterschied ist vielleicht, dass ich ab und zu einen Zopf backe und ins Sekretariat bringe. In der GSoA fühle ich mich wohl, noch nie habe ich das Gefühl gehabt, dass man mich gerne draussen haben wollte. Vielleicht bin ich radikaler als junge Leute, wegen meinen Erfahrungen. Ich protestiere vielleicht lauter gegen bestimmte Entwicklungen, zum Beispiel, wenn es um das Verstecken von Transfergeldern geht, wenn es um Armut geht. Vielleicht haben die Jungen keine Erfahrungen, kennen Armut nicht. Ich komme aber aus einer Welt, wo man eben nicht alles hatte. Und die Jungen von heute sind in einer Welt aufgewachsen, wo man alles haben kann. Zwar sieht nicht alles rosig aus, was da alles noch auf sie zukommt. Aber sie sind im Überfluss aufgewachsen. Und das ist vielleicht der Unterschied. Ich weiss noch, was das heisst, unten zu sein. Ich durfte nicht studieren, weil wir kein Geld hatten und auf dem Land wohnten. Wann bin ich zum ersten Mal auf die Strasse gegangen, um zu protestieren... wann war das wohl? Seit langem gehe ich immer an den 1. Mai-Umzug, auch nachdem ich schon aus der SP ausgetreten bin. Die ersten Demos waren sicher die in den 80er Jahren, also in der Zeit der Initiative. Innerhalb von 32 Tagen sammelten wir mehr als eine halbe Million Unterschriften. Wir demonstrierten gegen Krieg (Golfkriege, Jugoslawienkriege), wir sammelten für die Einführung eines Zivildienstes.

Immer ging es um Frieden. Wohl ein Rekord! Wenn wir immer gezählt hätten, wie viele Unterschriften wir sammelten, ich hätte den Rekord sicher gebrochen…! Das Sekretariat von der GSoA arbeitete rund um die Uhr, die Jungen waren so voll dabei, eine gute Zeit, es wurde viel bewegt.

Ich kämpfe für den Frieden, gegen Gewalt und dafür, dass es kein Gewehr mehr gibt auf dieser Welt. Ich kämpfe dafür, dass man mehr Rücksicht nimmt unter den Menschen, damit nicht noch mehr Leute sich vor den Zug werfen oder die älteren Menschen immer einsamer werden… viele Menschen rennen heutzutage nur in der Welt herum, sie merken nicht mehr was im nahen Umfeld passiert. Ob demonstrieren dabei hilft… ich muss das ja nicht messen. Ich habe einen Auftrag, jeder Mensch hat einen Auftrag, Mensch sein allein ist ein Auftrag, ein sozialethisch religiöser Auftrag, ein Bekenntnis zum Menschen, zum Menschsein, zur Menschlichkeit. Keine Waffen, kein Krieg, keine Gewalt… die Menschen bleiben Menschen, mit allem was dazu gehört. Das ist unumgänglich. Das muss geschult werden. Mensch sein muss gelernt werden, man kann alles lernen, dafür braucht man Hilfe und man kann helfen. In den Ostermarsch setze ich Hoffnung, es wird viele Leute haben, ich hoffe, dass die Stimme gehört wird.» *(Auszüge aus dem Tagesgespräch vom 28. März 2013).*

Louise ist eine mutige und unbeirrbare Frau, und sie glaubt an Frieden. Das ginge aber nur ohne Waffen. Wenn die Schweiz Geld für Kriegsmaterial ausgibt, hat das also nichts zu tun mit Friedenspolitik, für die sich Louise in allen Bereichen ihres Lebens einsetzt. Und wenn sie sich selber in Schwierigkeiten bringt, könne sie auch mal naiv dreinschauen, was sie denn auch tut, als die Polizei sie zum Kastenwagen führt. Mit einer göttlichen Gabe, im richtigen Moment zu lächeln, bringe sie es am weitesten, und zwar gewaltfrei, freundlich, menschlich.

Zwischenhalt V: Antimilitaristische Politik von der Strasse aus

Religiös-soziale, religiös-sozialistische Bewegung, die Frage ob diese Bezeichnung im Widerspruch steht zu der Philosophie, wie sie der Zirkel um die Zeitschrift Neue Wege vertritt, wird von den Vertreter:innen heftig diskutiert. «Religiös-sozial/sozialistisch» hätte man damals gewählt, weil ein möglichst farbloser Begriff durchaus von Vorteil ist. *«Es handelte sich darum, Zusammenkünfte anzuzeigen, an denen auf religiösem Boden und von religiösen Voraussetzungen aus das soziale Problem verhandelt werden sollte.»*[28]. Trotz aller Bemühungen, eine von allen geteilte Haltung zu finden, blieb das Verhältnis zur Kirche in der Gruppe der religiösen Sozialist:innen umstritten. Einige distanzierten sich von Leonard Ragaz, der sich mitunter kritisch zur Kirche äusserte. Später gibt er den Lehrstuhl an der theologischen Fakultät auf und widmet sich voll und ganz dem Sozialismus, den er viel breiter versteht als dies die Sozialdemokraten tun. *«Sozialismus ist kein Parteistandpunkt, sondern eine Menschheitssache, die von Parteien gleichen Namens auch verraten werden kann. (…) Ich glaube überhaupt nicht mehr an die Sozialdemokratie, ich glaube an den Sozialismus.»* Die Sozialdemokratie vertrete nicht mehr die Interessen des Proletariats, um derentwillen er der Partei beigetreten sei. Wo also ist Politik für Gerechtigkeit? Auf der Strasse? In den Häusern, Wohnungen der Menschen, die wenig Rechte haben? *«Wir gehören auf die Seite des Proletariats, der Armen im grossen, alten biblischen Sinne, das heisst der Verkürzten, Enterbten, Unterdrückten. (…) Das ist ewig der Ort, wo stehen muss, wer zu Christus gehört, und zwar nicht als Missionar, sondern als Genosse.»* (NW 5/1935, 223). Wer immer sich einsetzt für Menschlichkeit und Gerechtigkeit sollte das Proletariat gut kennen, sei es unter den Geflüchteten, den von Gewalt betroffenen Frauen, den Menschen, die kaum genug zum Leben haben, die einsam sind und verzweifelt. Dafür reicht ein Studium nicht, dafür muss man auf die Strasse gehen, zu den Menschen, und man muss gemeinsam kämpfen, alleine reicht es nicht, oder wie es die Schriftstellerin Lea Ypi ausdrückte: *«Die Frage, was jeder tun kann, ist nur kollektiv zu beantworten»*[29]. Die Kundgebungen sind eine Form der kollektiven Antwort.

Teil VI

Politisches Engagement für den Frieden

Louise engagiert sich seit ihrer Gründung 1982 bei der Gruppe Schweiz ohne Armee GSoA. Sie äussert sich, wenn immer möglich, in den Medien, sammelt unermüdlich Unterschriften auf der Strasse. Sie habe sicher einen Rekord aufgestellt, meint sie heute lachend. Bei Initiativen sei es zentral, die Leute direkt anzusprechen. Digital sei wirklich keine gute Alternative. Denn man müsse doch mit den Leuten darüber sprechen, warum eine Initiative wichtig ist. Es geht ihr auch hier um die Begegnung mit Menschen. Manchmal wehe ihr ein kühler Wind entgegen. Gerade Frauen tun sich oft schwer, meint sie. Militär sei doch eine gute Sache, sie würden ja auch die Militärkleider ihrer Gatten gerne waschen, argumentierten sie, zum Beispiel, wenn sie bei der Initiative zur Abschaffung der Armee nicht unterschreiben wollten. Da müsse man den Menschen eben erklären: «*Wenn ihr Frieden* wollt, müsst ihr 'ja' stimmen.» Louise ist an jeder Friedensdemo anzutreffen. Das sind nicht nur Aktionen gegen Atomkraftwerke, auch an Klimademos ist sie dabei, sofern es heute ihre Kräfte zulassen.

Doch es ist ein Ereignis der besonderen Art, mit welchem Louise die mediale Landesgrenze überschreitet. Unter dem Titel «Seit Jahrzehnten für den Frieden engagiert», schreibt Marius Aschwanden im April 2017 in der Berner Zeitung[30] über eine aussergewöhnliche Aktion für den Frieden: «Louise Schneider sprayt in roter Farbe Buchstabe um Buchstabe auf die baubedingte Bretterwand bei der Schweizerischen Nationalbank: «Geld für Waffen tötet!» Das Graffiti bleibt für einige Stunden, die Medienschaffenden sind zahlreich, sind noch da, als die Polizei Louise für eine Personenkontrolle mit aufs Revier nimmt. Auf der Webseite der GSoA heisst es folgendermassen: «Unser Schweizer Geld finanziert die Kriege dieser Welt. Jedes Jahr sterben zehntausende Menschen durch Kriege und bewaffnete Konflikte. Millionen mehr werden verletzt, traumatisiert und in die Flucht getrieben. Gleichzeitig machen internationale Rüstungsunternehmen Milliarden-Profite, indem sie schamlos Waffen an die Konfliktparteien liefern.

Milliarden Schweizer Franken fliessen in dieses blutige Geschäft. Allein im Jahr 2018 investierten Schweizer Finanzinstitute wie die Nationalbank, die Credit Suisse und die UBS mindestens neun Milliarden US-Dollar in Atomwaffenproduzenten – pro Schweizer Einwohnerin und Einwohner macht das 1'044 Dollar. Die Kriegsgeschäfte-Initiative will, dass kein Schweizer Geld in die Finanzierung von Kriegsmaterial-Produzenten fliesst. Als reiches Land und einer der grössten Finanzplätze der Welt trägt die Schweiz eine Verantwortung. Mit einem JA zur Kriegsgeschäfte-Initiative leisten wir einen Beitrag zu einer friedlicheren Welt.» Die GSoA, https://gsoa.ch/wp-content/uploads/archive/kriegsgeschaefte.ch/darum-gehts/

Louise freut sich noch immer über die Fahrt vom Bundesplatz zum Polizeirevier, über die Freundlichkeit der Polizist:innen, sogar einen Kaffee habe man ihr gebracht. Was hat diese ältere Dame motiviert, so etwas zu tun, fragen sich viele Leute, die das Ereignis mitbekommen haben oder darüber hören und lesen. Aber eigentlich ist das ein logisches, ja symbolträchtiges Abbild dessen, wofür Louise ihr Leben lang kämpft, für Gerechtigkeit.

«Armeen bringen keine Sicherheit»

Die Gruppe Schweiz ohne Armee GSoA prägt Louises politisches Handeln seit mehr als 40 Jahren. Sie unterstützt die Arbeit der Gruppe und vertritt ihre Positionen bis heute. Wenn möglich will sie vor Ort sein. Denn all die Begegnungen, Diskussionen, Aktionen für eine umfassende Friedenspolitik seien ihr einfach wichtig, seit 1982, seit der Initiative zur Abschaffung der Armee, für die sie in unzähligen Stunden Unterschriften gesammelt hätte. In den folgenden Abschnitten soll gerade dieses Verhältnis von Louise zu GSoA, ihre Geschichte in der Organisation aufgezeigt werden.

In den 80er Jahren gab es genug Gelegenheiten, um gegen die Politik der «Obrigkeit» zu demonstrieren, so zum Beispiel mit der friedenspolitisch hochrelevanten Anti-AKW-Bewegung. Louise war dabei, immer mit der GSoA oder Exponent:innen der religiösen Sozialist:innen. Sie fühlte sich am richtigen Ort. Denn auch in dieser Bewegung ging es letztlich um Rüstungspolitik und um Krieg. Die atomare Aufrüstung hängt wie ein Damoklesschwert über den energiepolitischen Versprechen. Louise ihrerseits rückt keinen Millimeter ab von der Überzeugung, dass Atomkraft, genau wie die Rüstungsindustrie, keinen Frieden bringen könne.

Louise ist dabei, als die Armeeabschaffungsinitiative angedacht wurde und ist heute mehr denn je überzeugt: Keine Armee bringt uns Sicherheit. Bei der GSoA gelingt es ihr, die Werte und das Wissen, das sie im religiösen Sozialismus, in den Texten der Zeitschrift «Neue Wege» verankert sieht, weiterzuentwickeln, «mit konkreten Aktionen auf der Strasse zum Fliegen zu bringen», wie sie es ausdrückt. Dank ihren Erfahrungen kann sie ihre Stimme erheben, ihre Ansichten in der GSoA darlegen, aber auch öffentlich machen. Noch heute würde sie das tun, meint sie etwas traurig, sie hätte gerade jetzt viel zu sagen. Doch nun, da sie altershalber kommunikativ ziemlich eingeschränkt sei, fühle sie sich abgehängt. Man frage sie ja kaum mehr nach ihrer Meinung, und die habe sie, und eine dezidierte dazu.

Louises Geschichte bei der GSoA

In den 80er Jahren engagierte sich Louise v.a. in Bern, sei es an Demos, beim Unterschriftensammeln, im Sekretariat der GSoA oder an Sitzungen der Regionalgruppe und der Koordinationsgruppe. Mittlerweile kannte man sie an den einschlägigen Orten. Mit Unterschriftenbögen in der Hand ging sie ohne zu zögern auf die Leute zu. Sie erklärte, argumentierte, sprach sich aus für eine Gesellschaft in Frieden. Die jüngeren GSoA-Aktivist:innen sehen Louise als engagierte ältere Frau, eine Frau, die unauffällig auftrat, keine Ausnahmeerscheinung also. Sie war auch nicht die einzige in diesem Alter. Aber im Gegensatz zu den andern wurde Louise alsbald zur nationalen Person.

«Ich kenne Louise als unermüdliche Aktivistin für den Frieden – so oft wie möglich unterwegs mit Stift und Unterschriftenbogen für eine Welt ohne Krieg und Gewalt oder tatkräftig und zuvorderst mit dabei bei friedvollen Aktionen der Gruppe für eine Schweiz ohne Armee, beim Solidaritätslauf für Sans-Papiers oder beim jährlichen Ostermarsch. Und ich kenne sie auch als gute Gastgeberin – bei Kuchen, Wein oder Fondue, diskutierend über die Welt und über weitere nötige Aktionen, damit die Welt eine bessere wird.» (Weggefährtin und GSoA-Aktivistin).

Die GSoA war keine religiöse Organisation. Unter den Jungen gab es jedoch auch keine grundsätzliche Zurückweisung religiöser Inhalte. Unter den Aktivist:innen waren auch welche, die in ihrer Kindheit religiös geprägt wurden. Andere wiederum waren vertraut mit der Befreiungstheologie Lateinamerikas. Für Louise war das sicher von Vorteil, mit der GSoA eine Organisation zu haben, die gegenüber der Religion nicht fremdete und die es verstand, wichtige Botschaften aus religiösen Quellen für die Friedensarbeit zu nutzen. In diesen Zeiten war das für linke Gruppierungen und Parteien eher ungewöhnlich.

Das politische Engagement, das sich weitgehend unabhängig von Erfolgschancen und Erwartungen über die letzten 40 Jahre erstreckt, teilt Louise voll und ganz.

Louise sieht ein Hauptproblem, warum Frieden so weit weg ist, in der Tatsache, dass, wie sie sagt, viel zu viel Geld in die Rüstungsindustrie fliesse. Sie positioniert sich darum klar für die Abschaffung der Armee. Heute würde sie für dieses Anliegen wieder Unterschriften sammeln, im Wissen, dass eine solche Forderung in der heutigen Zeit, wo alle von Krieg reden, überhaupt keine Chance hätte. Bei der Wehrpflicht-Initiative, welche die Abschaffung der Militärdienstpflicht, die Beibehaltung eines starken freiwilligen Zivildienstes sowie die Aufhebung der Wehrpflichtersatzabgabe forderte, hat sich Louise mit starken Argumenten und viel Überzeugung eingebracht. Ja, heisst es von ihren Mitstreitenden, sie war ein normales Mitglied ohne besondere Rolle, aber mit einer überzeugenden und starken Stimme.

«Louise war ein gewöhnliches Mitglied des aktiven Vorstandes von der GSoA. Es war selbstverständlich, dass sie im Vorstand war. Sie war immer beteiligt an den Diskussionen. Für sie war jedoch die Regionalgruppe Bern der wichtigste Ort ihres Handelns.»
(Weggefährte und GSoA-Aktivist)

Geld für den Frieden statt für Kampfjets

Die GSoA gewinnt am 18. Mai 2014 die Abstimmung über die Beschaffung des Gripen-Kampfjets. Dank dem Referendum kann der Kauf gestoppt werden. Louise freut sich unglaublich, wie ihre Mitstreiter:innen betonen. Am Abend wird dazu eine Sendung ausgestrahlt. An der Feier der GSoA vor dem Amtshaus nimmt Louise natürlich teil. Sie zeigt ihre grosse Erleichterung. Das Filmteam ist informiert und integriert die Aufnahmen dieser Feier im letzten Moment in die Reportage. Louise sieht zu ihrer eigenen Überraschung – sie wusste nichts von diesem Film – die Live-Übertragung im Kino der Reitschule in Bern. Ein Höhepunkt sei das für sie gewesen.

Die Spray-Aktion bei der Nationalbank SNB, die symbolisch steht für das friedenspolitische Engagement von Louise, geht viral. Sogar in der kubanischen Tageszeitung «La Granma» wird darüber berichtet! Doch für Louise ist der Zugang zum medialen Erfolg ihrer Aktion versperrt. Sie verfügt über keine der nötigen Hilfsmittel, um den viralen Erfolg zu geniessen. Seit je verzichtet sie auf Internet und Mobiltelefon. Dieses Paradox – sie ist belesen, aufmerksam und jung im Denken, gleichzeitig verzichtet sie auf die zeitgemässe Kommunikationstechnik – wird für sie zur Geduldsprobe. Ihr Kontakt zur GSoA ist erschwert, da diese ihre Kommunikation weitgehend digitalisiert hat. Versperrt bleibt nicht nur der Zugang zur weltweiten Ausstrahlung ihres grössten medialen Erfolgs. Aus dem gleichen Grund kommt sie nur punktuell an die Informationen der GSoA heran. Der Postversand nimmt ab, sogar die Sitzungen finden seit der Pandemie vor allem digital statt.

An ihrer Entscheidung, ohne Internet oder Mobiltelefon zu leben, hält sie fest, ebenso an ihrer Überzeugung, dass das Sammeln von Unterschriften auf der Strasse wichtig sei und es auch bleibe. Dafür brauche sie keinen Computer. Die Arbeitsweisen hätten sich halt verändert, was Louise auch etwas bedauert, und sie glaubt nicht daran, dass das Sammeln von Unterschriften online die gleiche Wirkung hat wie auf der Strasse, wo man den Menschen direkt begegnet. Ihre Mobilität ist eingeschränkt, ihre Sammeltätigkeit ist daher weniger intensiv, was mitunter auch ein Grund ist, dass sie nicht weiss, wie gerade diesen Sommer die jungen Aktivist:innen der GSoA auf den Strassen der Schweizer Städte unermüdlich Unterschriften gesammelt haben, um die Leute auf die Gefahren der nuklearen Waffen aufmerksam zu machen.

Episode VI:
Zur Bedeutung der Strasse

«Unterschriften sammeln, die Leuten fragen, warum das wichtig ist, ja, klar, es ist die Begegnung mit den Menschen.... sammeln... da kommt die sogenannte Demokratie, ja, wir können die Politik bestimmen. Die Initiative der GSoA kam, und wir waren unterwegs, viel unterwegs waren wir! Diese GSoA, das war eine lebendige Gemeinschaft, ja, es war wirklich eine Gemeinschaft. Wir haben zusammen fast geheult über die Zustände, aber wir haben auch viel gelacht, wir haben immer wieder Spaghetti zusammen gegessen, mit einer einzigen Pfanne im alten Sekretariat der GSoA (Neubrückstrasse), eine Pfanne voll, dann gegessen und die nächste Pfanne gekocht. Wenn die Sitzung fertig war, assen wir zusammen eben Spaghetti. Das war wie ein Jungbrunnen und eine Zusammengehörigkeit, wunderbar! Stunde um Stunde waren wir auf der Strasse.

Oft kamen sie zu mir nach Hause in den Garten. Das war auch ganz wichtig, wir waren eine gute Gruppe, wir pflegten das Gemeinschaftliche, fast Tag und Nacht. Einmal brachten sie mir die GSoA-Kuh, die zum aufblasen. Das war für die Initiative «Für eine Schweiz ohne Armee und für eine umfassende Friedenspolitik» 1989.

Wir standen immer um vier Uhr nachmittags bis am Abend um acht Uhr in der Neuengasse beim Bahnhof, gegenüber vom COOP, immer mit dem GSoA-Wägeli. Auch am Samstag sammelten wir, immer zu dritt. Wir trafen uns auf dem Bärenplatz, um 10 Uhr, auf die Minute haben wir angefangen und sammelten bis vier Uhr am Nachmittag. Wer kommen konnte, kam. Stundenlang haben wir gesammelt. Es gab keine Unterschriften auf die Schnelle. Und heute? Die digitale Welt macht jede Unterschrift unpersönlich. Man denkt, aha, ich muss hier noch unterschreiben, dann vergisst man es doch. Auf der Strasse musst du dich den Fragen der Leute stellen. Und man merkt, eigentlich haben sie noch ganz andere Lebensfragen, die oft gerade dann auftauchen, wenn es um die Sicherheit geht. Plötzlich – mir ist das immer so gegangen – musst du aufpassen, dass du nicht noch zur Lebensberaterin wirst. Weil viele – vor allem Frauen – ihr Leben auspacken. Es hört ihnen jemand zu, der oder die keinen Namen hat für sie. Sie sind keine Rechenschaft schuldig. Da habe ich sehr viel gelernt, beim Sammeln von Unterschriften auf der Strasse. Wirklich. Wie die Leute zuerst misstrauisch dastehen und plötzlich ihren Kummer, ihre Ängste auspacken. Leute haben nämlich viel Angst, sichtbar wird diese aber nicht.

Solange ich in meinem Alter noch kann, stehe ich kompromisslos für eine waffenfreie Politik ein! Wir sahen damals (1982) eine Möglichkeit; die Stimmung sprach für mehr Frieden. So begannen wir darüber nachzudenken, wie wir die Armee abschaffen könnten. So entstand die Idee einer Initiative. Ich war von Anfang an dabei. Sowieso, die GSoA begleitet mich in meinem Leben, bis heute, nein, nicht ganz bis hier und jetzt, aber innerlich klar, natürlich. Ich sehe das als einzige Möglichkeit, von unten her und mit jugendlicher Kraft für mehr Sicherheit einzustehen und standzuhalten, auch wenn uns vorgeworfen wird, wir seien extrem, das sei nicht mehr normal. Aber auf das, die Abschaffung der Armee, habe ich mein Leben gesetzt.»

(Gespräch, 2023)

So hat die jüngste GSoA-Generation in den drei Sommermonaten 2024 für die Atomwaffenverbots-Initiative allein in Bern über 5000 Unterschriften auf den Plätzen und an Veranstaltungen gesammelt. Dass der einst intensive Kontakt mit den jungen GSoA-Mitgliedern heute nur noch sporadisch ist, liegt neben der Digitalisierung auch daran, dass Louise selber nicht mehr an Sitzungen teilnehmen oder selber Unterschriften sammeln kann. Dazu kommt, dass die Jungen, die fast alle aus der Klimabewegung kommen und während der Corona-Zeit, welche die Online-Kommunikation stark beflügelt hat, zur GSoA gestossen sind, sie persönlich kaum mehr kennen sowie Unterlagen und Protokolle elektronisch verschicken. Der Kontakt von Louise zur GSoA läuft vor allem über ältere Mitglieder, die sie besuchen oder sie am Ostermarsch oder an Friedenskundgebungen treffen. An diesen nimmt sie, sofern die Gesundheit es zulässt, immer noch leidenschaftlich teil.

> *«Wir waren dankbar, weil sie in dieser intensiven Zeit – ich rede von der Zeit als ich im GSoA-Sekretariat arbeitete, also in den neunziger Jahren – immer so viel gemacht hat, sie war sehr verlässlich. Sie hatte viel mehr Erfahrungen als wir, ein wandelndes Lexikon. Louise ist eine sehr empathische Persönlichkeit, die vielleicht auch deswegen sehr gut einzuschätzen wusste, ob eine geplante Aktion auch etwas bringen würde oder ob wir doch eher verzichten und unsere Energie und Zeit für andere Aktionen, zum Beispiel auch für das Unterschriftensammeln brauchen sollten.» (Weggefährte und Aktivist)*

Was Louise in den frühen Jahren der GSoA erlebt hat, ist seitenfüllend und spannend. Beim Erzählen kommt sie richtig ins Schwärmen. Viele Details kommen ihr in den Sinn, von denen sie in blumiger Sprache berichtet. Sie erzählt liebend gerne von all den Aktionen, die sie zusammen mit den jungen GSoA-Aktivist:innen durchgeführt hatte, zum Beispiel das Besprayen der Wand bei der Nationalbank oder die «Friedhof»-Aktion vor der RUAG in Bern.[31]

Louise: «Wir brachten einen ganzen 'Friedhof' vor der RUAG im Wankdorf auf, mit Transparenten, und stellten die gebastelten Kreuze vor dem Gebäude auf. Laut waren wir! Sie kamen raus und wollten uns wegjagen, das sei verboten. Mir wollten sie das Transparent wegnehmen. Ich sagte aber klipp und klar, das dürften sie nicht, das sei mein Besitz, sie dürften mir mein Eigentum nicht einfach wegnehmen, 'ihr dürft mich nicht bestehlen', sagte ich ihnen. Erst als die Polizei kam, mussten wir abbrechen.»

Viele Jahre sind seither vergangen, sie erinnert sich an viele Details von damals und entsprechend schmerzhaft muss es wohl für sie sein, bei den heutigen Aktionen der GSoA kaum mehr dabei sein zu können. Umso wichtiger sind für die die Erinnerungen, daran anknüpfend auch ihre Visionen für die Zukunft. Ihre Wünsche, ihre Ängste? Die aktuelle Weltlage beunruhigt sie sehr, sie ahnt, dass Schlimmes auf uns zukommen könnte. Und wo ist dann ihr Fluchthafen, findet sie noch eine geistige politische Heimat? Wie hoch ist der Senfbaum schon gewachsen? Kann er denn noch wachsen, heute, wo alle nur noch von Aufrüstung sprechen? Wo nicht mehr alle Menschen sich gleichermassen auf die Menschenrechte beziehen können? Wo die mächtigen Staaten alles tun, um unerwünschte Menschen aus ihrem Sichtfeld zu verbannen, in verachtender Manier Methoden finden, um Menschen als minderwertig zu klassifizieren und auszugrenzen, sie habe das ja selber erlebt, mit pfarrherrlichem Gehabe und dem Verweis auf «söttig wie dir ghöret nid dahäre» von der höheren Bildung ausgeschlossen zu werden. Schamloses Abschieben, Menschen wie Abfall behandeln – Louise empört sich heute wie damals, als die Schwarzenbach-Initiative lanciert wurde, über diese Politik der Ausgrenzung. Denn für sie ist klar, Menschenrechte sind für die Friedensarbeit eine zentrale Referenz, sie dürfen weder mit den Füssen getreten noch geteilt werden.

Schlusspunkt: Für den Frieden

«Das Wichtige für die Menschen ist die Gemeinschaft. Aus ihr kommt der Frieden. Die Waffe ist nur der letzte Ausläufer von Machtkämpfen, die auf Kosten der Menschenrechte irgendwo auf der Welt stattfinden. Ich meine, jede Stärkung der Armee ist ein Verrat am Frieden, jedes Geld für Kampfjets führt die Gesellschaft weiter weg von einem friedlichen Zusammenleben und näher zum Krieg. Und Krieg bedeutet Gewalt, Krieg heisst töten, Krieg kann niemals Frieden bringen.

Das Gewehr des Vaters an der Tür zu Beginn des Zweiten Weltkrieges bringt Angst und Unsicherheit in die Familie. Ich habe diese Angst selber erlebt, am eigenen Leibe erfahren, was das zuhause bedeutet, von welchen Unsicherheiten unser Alltag geprägt war. Frieden kann nie mit Waffen erzwungen werden, denn Geld für Waffen tötet. Es braucht Geld für den Frieden statt für Kampfjets. Das sind starke Worte, und Louise scheut vor nichts zurück, nicht einmal vor einer Sprayaktion bei der Schweizer Nationalbank.

Mensch und Welt sind etwas Ganzes, Menschen bleiben Menschen, solche die gut sind oder weniger gut, aber sie sollen nicht anderen etwas zu leide tun, so einfach ist das. Die einen brauchen eine Philosophie, ich brauche das Evangelium. Wenn die Gemeinschaft funktioniert, alle auf einander Rücksicht nehmen, alle etwas im Teller haben, ein paar Hosen haben... dann ist Frieden. Wie wichtig ist doch das Teilen mit anderen Menschen, damit Frieden überhaupt erst möglich wird. Friede heisst, denjenigen beizustehen, die Hilfe benötigen. Kleine Schritte für den Frieden, für Gerechtigkeit, das ist das Ziel. Es muss deswegen nicht eine totale Revolution stattfinden.

Dieses ewige Wachstum gilt es bremsen, es geht so nicht weiter. Doch der Mensch ist wahrscheinlich so, dass er immer mehr möchte. Aber das kann korrigiert werden, mit moralischen, ethischen, religiösen Prinzipien. Die Gesellschaft braucht neue Weltbilder, Visionen, nach denen man in Frieden leben kann. Aber so wie es jetzt ist, wenn man nichts von alledem hat, dann geht es ins Uferlose, es rudert aus auf der Welt. Und das will ich nicht, ich wehre mich entschieden dagegen. Denn ich bin eine politische Aktivistin für den Frieden. »

Kurt Marti: ein nachapostolisches Bekenntnis

Ich glaube an Gott

der Liebe ist

den Schöpfer des Himmels und der Erde

Ich glaube an Jesus

sein menschgewordenes Wort

den Messias der Bedrängten und Unterdrückten

der das Reich Gottes verkündet hat

und gekreuzigt wurde deswegen

ausgeliefert wie wir der Vernichtung des Todes

aber am dritten Tag auferstanden

um weiterzuwirken für unsere Befreiung

bis dass Gott alles in allem sein wird

Ich glaube an den heiligen Geist

der uns zu Mitstreitern des Auferstandenen macht

zu Brüdern und Schwestern derer

die für Gerechtigkeit kämpfen und leiden

Ich glaube an die Gemeinschaft

der weltweiten Kirche

an die Vergebung der Sünden

an den Frieden auf Erden

für den zu arbeiten Sinn hat

und an die Erfüllung des Lebens

über unser Leben hinaus

AMEN

Bildseiten

Louise Schneider beim Sammeln von Unterschriften in Köniz

Louise Schneider in früheren Jahren, undatiert

Louise Schneider mit Judith Giovannelli-Blocher am Ostermarsch

Die Heilige Kuh gilt bei GSoA als Symol für die Schweizer Armee –
Demo der Initiative zur Abschaffung der Schweizer Armee, 1989

Spray-Aktion 2017 vor der Nationalbank, Bundesplatz, Bern

Dank

Louise Schneider gilt mein erster grosser Dank, mit viel Engagement und Ausdauer hat sie mir erzählt, sie hat mir einen detaillierten Einblick in ihr Leben gewährt, was nicht selbstverständlich war, da wir uns vorher nicht wirklich gut kannten. Während vier Jahren war ich bei ihr auf Besuch, mit oder ohne Aufnahmegerät, und haben uns oft stundenlang unterhalten. Das Buch ist fertig, ich hoffe dass sie sich freuen kann, die Beschreibungen ihres reich erfüllten Lebens schwarz auf weiss zu lesen.

Ich danke meiner Lektorin Cornelia Gautschi für die das sorgfältige Lesen und Korrigieren des Textes und die Präzision der Korrekturen.

Mein herzlicher Dank geht auch an Peter Pich, der sich um das Layout gekümmert hat.

Weiter danke ich meinen Freundinnen und Freunden, sie haben mir zugehört, mich beraten, mir Mut zugesprochen, doch weiterzufahren – was nicht immer ganz einfach war.

Meinen Kolleginnen des CAS-Lehrgangs «Lebenserzählungen und Lebensgeschichten» an der Universität Fribourg, Initiant:innen des Vereins «zur Förderung lebensgeschichtlichen Erzählens» www.vfle.ch danke ich ebenfalls, ihr habt mich davor abgehalten aufzugeben.

Besonderer Dank gilt den GSoA-Aktivist:innen und ehemaligen GSoA-Sekretär:innen für ihre würdigenden Worte und die Erinnerungen an gemeinsame friedenspolitische Aktionen mit Louise und an ihr grosses Engagement für den Frieden.

Andreas Blatter möchte ich herzlich danken dafür, dass er mir seine Fotos, die damals viral gingen, bis Cuba, wie die Freund*innen von GSoA heute sich erinnern, freundlicherweise zur freien Verfügung übermittelt hat.

Bildrechte:

Bilder aus früheren Jahren: Louise Schneider.
Bilder seit 2017: Archiv Andreas Blatter

Fussnoten

1 Geburtsjahr des Vaters: 1899, der Mutter: 1895. Der Vater war ein Verdingkind, die Mutter hat als Herrschaftsdienerin auf einem Bauernhof gearbeitet. So haben sie sich kennengelernt.

2 Als in den 1920er Jahren die Gebäulichkeiten der Dr. A. Wander AG im
Weissenbühl zu knapp wurden, wurde der Betrieb nach Neuenegg in die
seit 1921 leerstehende Milchsiederei der Firma Nestlé verlegt. Der Kaufver-
trag wurde 1926 unterschrieben. (…) Die Fabrik wurde im Februar 1928 in
Betrieb gesetzt und am 22. Oktober gleichen Jahres offiziell eröffnet. Die
Wander AG war damals auf Expansionskurs und suchte neue Räumlich-
keiten, insbesondere für die Produktion von Ovomaltine, mit der sie, ab-
gefüllt im legendären Portionenbeutel, ab 1931 die Gastronomie eroberte
(siehe auch Dr. A. Wander AG).

3 Bramberg ist ein Weiler der Gemeinde Neuenegg und liegt ca. 3 km nord-
westlich von Neuenegg. Bekannt ist das Denkmal für die Schlacht bei
Laupen (1339), das 1953 auf dem Bramberg errichtet wurde.

4 Tätschhäuser, heute von historischem Wert, nennt man Häuser mit einer
bestimmten Dachform (schwach geneigt, von da der Name «Tätsch»), die
oft als ärmliche Bauweise galt.

5 Ab 1933 verschiebt sich der Schwerpunkt der Linken auf ein von den
Gewerkschaften, den Angestelltenorganisationen, den evangelischen
Arbeitern, den Linksdemokraten, den Jungbauern sowie von dissiden-
ten Katholiken getragenes Bündnis, dessen geistiges Zentrum die 1933
gegründete Zeitschrift die Nation bildet. (…) Die Nation trägt den Unter-
titel 'Unabhängige Zeitung für Demokratie und Volksgemeinschaft'. (…)
'Volksgemeinschaft' bedeutet für das linke Medium 'demokratisch' und
'sozialpolitisch' anstatt 'autoritär' und 'ständisch'. Die Schweiz der Nation
gründet auf den 'Liberalen Freiheitsrechten des 19. Jahrhundert' und
nicht mehr auf einer 'Landgemeinde als Symbol einer harmonischen Verknüpfung von Volkswirtschaft und Führertum', sie ist 'civic' nicht 'ethnic',
ihr Patriotismus verbindet sich mit einem solidarischen 'Universalismus',
statt mit einem 'naturalistisch begründeten' Korporatismus. (…) Bereits
'die religiösen Sozialisten' verwendeten den Begriff 'Volksgemeinschaft',
insbesondere Leonhard Ragaz im Bestseller 'Die neue Schweiz' (1917/1918).
Josef Lang (2020, S. 188-189) äussert sich im Gespräch (Interview vom
1. Juni 2024) zur Bedeutung der Jungbauern besonders in der deutschsprachigen reformierten ländlichen Schweiz wie folgt: Die Jungbauern-

bewegung wird gestärkt von Arbeitern, und gemeinsam argumentieren sie gegen tiefe Löhne der Arbeiter, die ja die Konsumenten der Bauernschaft sind, darum auch der «Aufstand» der Jungbauern, die sich bewusst waren, dass nur bessere Löhne für die Arbeiter deren Kaufkraft und somit den Absatzmarkt der Bauern stärkten. Zudem engagierten sie sich für Arbeitsprogramme und Sozialleistungen, um die Situation der Arbeiter generell zu verbessern. Damit distanzierten sich die Jungbauern klar von den eingesessenen Landwirten.

6   «Am 28. August 1939 ordnete der Bundesrat mittels Plakaten die Mobilmachung von 80'000 Mann des Grenzschutzes sowie am 1. September, dem Tag des Deutschen Überfalls auf Polen, die allgemeine Mobilmachung für den nächsten Tag an. Auf der ersten Seite im Dienstbüchlein jedes Soldaten klebte ein Mobilmachungszettel, auf dem Korpssammelplatz, Mobilmachungstag und Stunde sowie die notwendigen Mobilmachungsinformationen angegeben waren. Die Materialfassungsdetachemente rückten sofort ein und am folgenden Tag 430'000 Mann Kampftruppen, 200'000 Hilfsdienstpflichtige und 10'000 Frauen des neu gegründeten Frauenhilfsdienstes (FHD). Die Generalmobilmachung verlief problemlos innert drei Tagen. Die zweite allgemeine Mobilmachung wurde am 10. Mai 1940 ausgelöst und verlief mit fast 700'000 Wehrmännern oder zwanzig Prozent der Bevölkerung ebenfalls geordnet.» (wikipedia, 28.08.2022)

7   Das Gleichnis vom Sämann gehört zu einer kleinen Anzahl von Gleichnissen, die in allen drei synoptischen Evangelien enthalten sind, und ist eines der wenigen Gleichnisse, die Jesus seinen Jüngern erläuterte. Der Samen, der gesät wurde, ist „das Wort vom Reich" (Matthäus 13:19), „das Wort" (Markus 4:14) oder „das Wort Gottes" (Lukas 8:11) – die Lehren des Meisters und seiner Diener. Die unterschiedlichen Böden, auf die der Samen fiel, symbolisieren, wie unterschiedlich diese Lehren von den Menschen aufgenommen und befolgt werden. Der Samen, der „auf den Weg" fiel (Markus 4:4), gelangt auf keinen Boden, wo er vielleicht hätte keimen können.

8   1950 waren in Uttigen gerade mal 789 Einwohner registriert (https://hls-dhs-dss.ch/de/articles/000508/2016-09-19/#HGemeinde).

9   Das ist die unterste Stufe vom ganzen Jugendwerk des Vereins. Der Hoffnungsbund (HB) war die allererste Gruppe für Kinder vom Blauen Kreuz (Kindergarten bis 5. Klasse). Weiter gab es die Mädchen (MG)- und die Buben (BG)-Gruppe für Jugendliche bis Ende der obligatorischen Schulzeit. Für Schulabgänger und Schulabgängerinnen gab es den Töchter (TB)- bzw. Jünglingsbund (JB), bis der Übertritt in den Blaukreuz-Verein möglich war.

10   «1877 gründet der damals 28-jährige Pfarrvikar Louis-Lucien Rochat in
     Cossonay (VD) das Blaue Kreuz. In seiner Tätigkeit als Pfarrer musste er
     viele Familienväter beerdigen, die an den Folgen von übermässigem Alko-
     holkonsum starben. Das hatte ihn tief bewegt. Dagegen wollte er etwas
     tun (...). Im Rahmen des heutigen multifaktoriellen Suchtverständnisses
     beschäftigt die Frage, ob und was Sucht und Spiritualität miteinander zu
     tun haben, die Fachwelt immer noch, genauso wie manche von Sucht be-
     troffenen Personen. Für eine erfolgreiche Suchttherapie ist die Hinwen-
     dung zu Gott nicht notwendig. Bei Klientinnen und Klienten, denen das
     wichtig ist, kann diese Auseinandersetzung in die Therapie hingegen mit
     einfliessen; unsere personenzentrierte Vorgehensweise synchronisiert die
     optimale Therapie. Der Vereinszweck ist unter anderem, die Jugendlichen
     auf dem Weg zu einer christlichen und alkoholfreien Lebensweise zu un-
     terstützen» (https://zh.blaueskreuz.ch/geschichte, 18.4.2024)

11   «Oft hörte man die Männer den Wunsch aussprechen: 'Wenn das alles
     doch nur auch unsere Frauen hören, sehen und erleben könnten!' Die-
     sem Bedürfnis Rechnung tragend, wurden nun auch Besinnungswochen
     für jene Frauen durchgeführt, deren Männer bereits eine solche Woche
     erlebt hatten. Welch ein Aufatmen, welch eine Beruhigung nach all dem
     Ausgestandenen ging durch die Reihen der Frauen. Hier konnten sie sich
     frei aussprechen.» (Bernischer Kantonalverband des Blauen Kreuzes 1884
     bis 1959, S. 38).

12   Dominik Landwehr, Blog des Nationalmuseums, 05.06.2020
     Die Schwarzenbach-Initiative: Es war wohl eine der umstrittensten Ab-
     stimmungen in der Schweizer Geschichte des 20. Jahrhunderts: Die
     Überfremdungs-Initiative von James Schwarzenbach vom 7. Juni 1970.
     Die Vorlage war radikal. Sie verlangte, dass der Ausländeranteil in der
     Schweiz maximal zehn Prozent betragen dürfe. Würde sie angenom-
     men, müssten 350'000 Arbeiterinnen und Arbeiter ihre Koffer packen
     und heimfahren. Lanciert hatte es die 1961 gegründete Nationale Aktion.
     Kopf der Initiative war der Zürcher Nationalrat James Schwarzenbach.
     Das Volksbegehren kam am 7. Juni 1970 mit einer rekordverdächtigen
     Stimmbeteiligung von fast 75 Prozent an die Urne. Es wurde mit 54 Pro-
     zent Nein-Stimmen verworfen. Aber 46 Prozent der Stimmberechtigten
     – damals noch ausschliesslich Männer – stimmten für die Initiative. Das
     hatte in dieser Form keiner erwartet: Sämtliche Parteien, die Arbeitge-
     berorganisationen, Gewerkschaften und auch die Kirchen lehnten das
     Ansinnen ab. Trotzdem waren viele für die Initiative, namentlich auch
     Arbeiter, die der Sozialdemokratischen Partei und den Gewerkschaften
     nahestanden. Sie fürchteten, die Ausländer könnten ihnen die Arbeit
     wegnehmen. Im Abstimmungskampf gab es viel Polemik zu hören und
     die Initianten sahen Schweizer Werte in Gefahr. Unter den damaligen

Gastarbeitern löste die 1968 lancierte Initiative Angst und Schrecken aus. (https://blog.nationalmuseum.ch/2020/06/schwarzenbach-initiative/) Weitere Informationen findet man u.a. im Sozialarchiv (https://www.sozialarchiv.ch/2020/05/09/vor-50-jahren-die-schwarzenbach-initiative/).

13 *Die «Nationale Aktion gegen die Überfremdung von Volk und Heimat" wurde 1961 in Winterthur gegründet (1990 wechselt sie den Namen in Schweizer Demokraten SD). Ihr Ziel war gemäss Parteiprogramm eine «Verschärfung der Bestimmungen über Lärmbekämpfung, Gewässerschutz und Luftverunreinigung", die nur möglich war, indem der Zustrom fremder Menschen gedrosselt würde. Denn als Ursache sieht die Partei eine sogenannte Überfremdung, die wiederum zu riesigen Überbauungen führe (https://www.schweizer-demokraten.ch).*

14 *Zitiert aus der Publikation von Nadja Ramsauer (2018), Geschichte der Sozialen Arbeit in der Schweiz. Eine Einführung für Studierende an Fachhochschulen Sozialer Arbeit, S. 52. Der Begriff der Unterschichtung wurde zu einem zentralen Begriff der Migrationssoziologie, die Professor Hans-Joachim Hoffmann-Nowotny anfangs der 70er Jahre an der Uni Zürich unterrichtet und Forschungsprojekte realisiert hatte. Auch der Historiker Jakob Tanner (2015) befasste sich mit dem Thema der Unterschichtung, und zwar als Folge einer Politik, die immer wieder die öffentliche Wahrnehmung von Bedrohungslagen und Überfremdungsängsten auf Migration projiziert (Geschichte der Schweiz im 20. Jahrhundert, Verlag C.H. Beck, München). Zu seiner Bedeutung siehe auch Annemarie Sancar (1995), Ethnische Grenzen – politische Wirksamkeit, Formen kollektiver Auseinandersetzung von Zwangsmigrant:innen aus der Türkei in der Schweiz. Lang Verlag, Bern).*

15 *Im Wortlaut siehe Buchende oder im Internet auf https://www.refbejuso.ch/fileadmin/user_upload/Downloads/OeME_Migration/Herbsttagung/OM_PUB_d_Herbsttagung_2010.pdf*

16 *Leonhard Ragaz (1868-1945) gehört zu den Gründungsmitgliedern der 1906 gegründeten religiös-sozialen Bewegung und wirkte jahrelang als Redaktor der Publikation «Neue Wege». Ragaz, vormals Stadtpfarrer in Chur, dann Pfarrer am Basler Münster, und seine Frau Clara Ragaz-Nadig (1874- 1957) entschieden sich 1921, dass Leonhard seine Professur an der theologischen Fakultät Zürich aufgeben soll.*

17 *Das Schlössli ist ein 1836 gegründetes staatliches Mädchenerziehungsheim, es schloss nach 1980. Die zuweisende Behörde waren die Armen- und Fürsorgebehörde. Bis 1976 war es ausschliesslich für Mädchen im Schulalter, anschliessend wurde die Geschlechtertrennung aufgehoben. Der Religionsunterricht wurde damals jeweils am Sonntag im Kirchgemeindehaus erteilt, wo Louise während einigen Jahren die 11- und 12-jährigen*

Schülerinnen unterrichtete. 1907 wurde das Zivilgesetzbuch eingeführt, das hiess, dass die Vormundschaftsbehörde als staatliche Aufsicht über das elterliche Erziehungsverhalten eingesetzt wurde. «Sie konnte bei Pflichtwidrigkeit der Eltern geeignete Vorkehrungen treffen (Art. 283 ZGB) oder bei Gefährdung des Kindes gar dessen Wegnahme anordnen (aArt. 284 ZGB). Damit wurde dem Kindesschutz als Instrument zur Ausrottung des sogenannten 'Übels der Vagantität' Tür und Tor geöffnet. Die 'Kindesschutzmassnahmen' dienten fortan vorwiegend der Diffamierung des fahrenden Volkes aufgrund ihrer von der gesellschaftlichen Norm abweichenden Lebensweise. Das neue Kindesrecht (in Kraft seit dem 1. Januar 1978) richtete den Fokus schliesslich nicht mehr auf das Bestrafen elterlichen Fehlverhaltens, sondern rückte das Kindeswohl als Eingriffsvoraussetzung und Entscheidungsmassstab für Kindesschutzmassnahmen ins Zentrum.» (Andrea Büchler, Universität Zürich; https://www.rwi. uzh.ch/elt-lst-buechler/famr/kindesschutz/de/html/index.html

18 Die Bergpredigt beeinflusste mit ihrer Radikalität den Pazifismus. So vertritt Leo Tolstoi in seinem Buch «Mein Glaube» den Standpunkt, dass alle kriegsführenden Regierungen ein Affront gegen die christlichen Prinzipien, gegen eben diese Idee der Bergpredigt seien. Für die deutsche Friedensbewegung der 1980er Jahre war die Bergpredigt bedeutungsvoll, einige ihrer wichtige Exponent:innen wie Leonhard Ragaz, Dorothee Sölle oder Franz Alt[5] trugen die Idee der Bergpredigt in die Politische Theologie (wikipedia, https://de.wikipedia.org/wiki/Bergpredigt#Inhalt)

19 In der Schweiz trat 1906 erstmals eine Religiös-Soziale Konferenz zusammen, und im selben Jahr folgte die Gründung der NEUEN WEGE, die zur Zeitschrift dieser Bewegung wurden. Nach dem Tod von Leonhard Ragaz (1945) kam es zu einer Spaltung innerhalb der religiös-sozialen Bewegung, nicht zuletzt aufgrund der unterschiedlichen Bewertung des Stalinismus: 1950 wurde die Neue Religiös-Soziale Vereinigung der Schweiz gegründet, die dem Kommunismus sehr kritisch gegenüberstand; ihr Publikationsorgan war die Zeitschrift „Der Aufbau" (ab Jahrgang 1953). Die Neue Religiös-soziale Vereinigung wurde 1990 aufgelöst; das Vereinsvermögen wurde in die neu geschaffene Ragaz-Stiftung (Stiftung zur Förderung und Verbreitung der Gedanken von Prof. Leonhard Ragaz) eingebracht.
1989 fusionierte die Religiös-Soziale Vereinigung mit den – von der Befreiungstheologie geprägten – Christinnen und Christen für den Sozialismus zur Religiös-Sozialistischen Vereinigung der Deutschschweiz. Ende 2010 zählte die RESOS 114 Mitglieder. (https://www.findmittel.ch/archive/ archNeu/Ar500.html)

20 Die religiös-soziale Bewegung, wie sie Louise kennt, hat ihre Wurzeln im 19. Jahrhundert. Mit der zunehmenden Industrialisierung verschärften sich die sozialen Gegensätze, ein Proletariat bildete sich he-

raus. Gleichzeitig zeigte sich eine allmähliche Distanzierung nicht nur der Bourgeoisie, sondern auch der Arbeiterschaft vom Christentum und der Kirche. Gewerkschaften und Linksparteien begannen, die Arbeiterschaft zu organisieren. Diese im Entstehen begriffene, neue soziale Kraft wollte sich für eine gerechte Gesellschaftsordnung stark machen. In Europa begannen Theologen, sich in neuer Art mit sozialen Fragen auseinanderzusetzen. Im Zentrum standen die persönliche Glaubensentscheidung, die soziale Verantwortung sowie die Diakonie als christlicher Dienst an der Gesellschaft. Im deutschsprachigen Raum gilt Christoph Blumhardt (1842-1919) als Begründer dieser Bewegung. https://de.wikipedia.org/wiki/Christoph_Blumhardt / 24072024 Schweizer Theologen wie Hermann Kutter und Leonhard Ragaz (1868-1945) begrüssten die erstarkende Arbeiterbewegung als aktuelle Herausforderung des ganzen Christentums. Die wachsende Sozialdemokratie interpretierten sie als Zeichen für das kommende Reich Gottes, ein Kernkonzept des religiösen Sozialismus. Das bedeutete einen radikalen Angriff auf den Kapitalismus und die herrschende, von Kirche und Christentum geprägte Kultur. Obschon sie sich nicht unbedingt der Kirche verpflichtet fühlten, sahen sie es als ihre Aufgabe, mit dem transzendenten Reich Gottes in Einklang zu sein. Für sie galt die Vision eines demokratischen, genossenschaftlichen, pazifistischen, ökologischen und auch schon feministischen Sozialismus, von welchem sie sich in ihrer Arbeit leiten liessen

21 Der evangelische Pfarrer Christoph Blumhardt übernimmt 1880 die von seinem Vater gegründete Stiftung Bad Boll, die sich vor allem der Seelsorge und einer Form des pietistischen Predigens verschrieben hatte. Nicht das Individuum, das nach dem eigenen Seelenheil strebe, sondern «der Kampf und Sieg Jesu Christi über diese weltbeherrschende Macht und das dynamische, weltverändernde Kommen seines Reiches» sei relevant. Anstatt Egoismus zu fördern, brauche es die radikale, die Welt umstürzende Hinwendung zum Mitmenschen und seiner Not. 1899 bekennt sich Blumhardt auf einer Arbeiterversammlung in Göppingen zum »Sozialismus« und zwar als Jünger Jesu. Nachdem eine Zeitung fälschlicherweise berichtete, er sei der SPD beigetreten, wurde er in Kirchenkreisen heftig angefeindet. Daraufhin tritt er tatsächlich der SPD bei und gibt auf Druck der Kirchenbehörde sein Pfarramt auf. Wie Blumhardt, der 1899 sein Amt als Pfarrer aufgeben musste, weil er sich für streikende Arbeiter eingesetzt hatte und der SPD beigetreten war, gab auch Leonard Ragaz 1921 seinen Lehrstuhl als Theologieprofessor an der Uni Zürich auf. Fortan wollte er sich ganz der Friedensbewegung und der Arbeiterbewegung widmen. https://de.wikipedia.org/wiki/Religi%C3%B6ser_Sozialismus#Geschichte_ im_deutschsprachigen_Raum

22 Konzernverantwortungsinitiative war die eidgenössische Volksinitiative «für verantwortungsvolle Unternehmen zum Schutz von Mensch und Umwelt», die 2020 zur Abstimmung kam, dann aber trotz Volksmehr am Ständemehr scheiterte (siehe auch www.publiceye.ch)

23 Clara und Leonard Ragaz gründen die Neuen Wege 1906, die erste Ausgabe erschien 1907.Für Detailinformationen: Spieler Willy, Stefan Howald, Ruedi Brassel-Moser, eds., Für die Freiheit des Wortes. Neue Wege durch ein Jahrhundert im Spiegel der Zeitschrift des religiösen Sozialismus , Zürich 2009, S. 84-91

24 https://www.neuewege.ch/

25 Spieler Willy, Stefan Howald, Ruedi Brassel-Mose, Hg., «Für die Freiheit des Wortes. Neue Wege durch ein Jahrhundert im Spiegel der Zeitschrift des religiösen Sozialismus., Zürich 2009, S. 84-91

26 Der Ostermarsch geht auf die 60er Jahre zurück, als Friedensbewegungen in aller Welt gegen die atomare Aufrüstung protestierten, so auch in Bern. Seit 2003, dem Beginn des Irak-Krieges, wiederholt er sich jährlich. Der Krieg im Irak sei nicht zu Ende, bloss, weil ein paar amerikanische Soldaten auf Saddams Sofas sitzen. Das Elend der Menschen in dem zerstörten Land geht weiter, ebenso wie das Elend in anderen Ländern, wo Krieg herrscht. Unter dem Motto „Eine friedliche Welt ist möglich" haben Kirchliche Kreise zusammen mit der GSoA und der Jugend gegen den Krieg in Bern einen Ostermarsch durchgeführt, um gegen den Krieg und die Besetzung des Iraks durch die USA zu protestieren. https://de.wikipedia.org/wiki/Ostermarsch

27 https://www.srf.ch/audio/tagesgespraech/louise-schneider-symbolfigur-der-schweizer-ostermaersche?id=10262171.

28 Zitate sind aus dem Buch «Für die Freiheit des Wortes. Neue Wege durch ein Jahrhundert im Spiegel der Zeitschrift des religiösen Sozialismus. Spieler Willy, Stefan Howald, Ruedi Brassel-Moser, Eds, Zürich 2009, S. 84-91.

29 Lea Ypi, WoZ Nr. 28, 11. Juli 2024.

30 https://www.bernerzeitung.ch /seit-jahrzehnten-fuer-den-frieden-engagiert-373563914516

31 Die Aktion «Friede statt Friedhöfe» fand im Juni 2002 statt. Eine Gruppe der GSoA stellte vor dem Hauptsitz der RUAG in Bern einen Friedhof auf, um damit symbolisch deutlich zu machen, dass die RUAG bestimmte Länder mit Rüstung beliefert, obschon diese menschenrechtsverletzende Kriegspolitik betrieben. https://gsoa.ch/friede-statt-friedhofe/